妻子、
媽媽，
偶爾劉中薇

不小心結了婚，
那些我們和我的
歡喜與哀愁

劉中薇 著

推薦序一——

讓偶爾，成為永恆

李儀婷／薩提爾教養暢銷作家

這是一本充滿幽默喜劇的詼諧人生故事！

翻開故事，看過書之後，會知道所謂幽默喜劇，其實是在斑駁的生命中，採取的一種目光選擇而已，就像一隻身經百戰的獵狗，咧嘴對著主人露出微笑，可愛的外表下，內裡卻是用激烈的血肉戰來填塞的生命體。

書裡的題材來源，都是從地獄中萃取出來的生活血淚，卻扎實地活出黑色幽默的女性風範，以此譜出一個世上絕無僅有的名字，她的名字叫——劉中薇。

劉中薇，一個我從年輕歲月就熟稔的名字，過去我們的名字都曾高掛於文壇的新女性代表，雖然我們在文學領域中知道彼此，但真正讓我們相識的，卻是成為太太、成為媽媽、成為被生活綑綁住的婦女，我們不服輸地從爛泥裡爬起，重新找到自己方向之後，才真正體會彼此的存在，是多麼雷同。

這本《妻子、媽媽，偶爾劉中薇》，從男女的婚姻寫起，閱讀時，我笑到流淚，卻又一邊從笑聲中慘澹地流露出淡淡的哀鳴，因為那是女人才能體會的辛酸與快樂，因為書裡的丈夫，和我的男人重疊了。

書裡的丈夫所有的特徵，一個不落地在我的男人身上表露無遺。

「看大不看小、看遠不看近、無法理解超過三句以上的交辦事項。」

我曾跟我的男人說：「今天孩子放學後得去看病，這是孩子的健保卡，記得接孩子放學後帶他去看醫生……」

男人的反應是：「你說什麼，我聽不懂。」

我說：「帶孩子去看病！」

我順手把孩子的健保卡塞男人手裡，男人聽懂我說的話，最後卻把孩子健保卡給遺失了。

後來我學會把重點放在「健保卡要收好」，最後的結果是「男人把健保卡收好了，卻忘了帶孩子去看病」。

這男人是怎麼了？

為此，我曾感慨地說：「我會好好珍惜婚姻，因為萬一離開，我再也不會走進另一個婚姻。」我沒說出口的是，全天底下的男人都一樣，再換也會遇到一樣的問題，我沒那麼傻，在同一個地方跌倒兩次！

沒想到，我的男人聽了之後有感而發：「真的，我也不要再來一次了，再來一次就是傻子。」

咦？原來不只全世界的男人都差不多，在男人眼裡，女人也差不多呢！

一個女人，要如何擔任太太、媽媽的角色，又成為自己呢？

這幾乎是天方夜譚，但是劉中薇做到了。

她在成為自己的過程中，碰碰磕磕，在教育孩子的路上長達好幾年的時光不停地走在撞牆期，她向外尋求救援，諸如市面上教養專家的書籍，百歲醫師、薩提爾與阿德勒等等的教養方式，始終無解，最終她找到了屬於自己的教養心流，才將孩子帶領上趨於穩定的教養之路。

這段學習之路，我看得提心吊膽，因為自己推廣薩提爾教養多年，其核心精神不在於那些「手段」和「工具」，而在於「人」，若一味地只想「解決問題」，就永遠也走不到真正的「薩提爾精神」之中，所幸中薇最後回歸自己的內在，放棄尋找解決的工具，聆聽自己的聲音，也聆聽孩子的聲音，雖然她不知道這便是薩提爾導入家庭教養的最佳教養方向，但她早已置身其中，而且體驗其美好了。

當女人將自己穩定了，孩子也就穩定了，婚姻也就圓滿了，此後就不會再有波瀾了嗎？

是嗎？是嗎？是嗎？

這個問題，就像有人問「結婚好還是單身好？」單身的人說結婚好，結過婚的人卻說單身好，日子其實就是這樣，總是會反反覆覆，各說各話，沒完沒了，就像蕭伯納說：「想結婚的就讓他們去結婚，想單身的就維持單身吧，反正到最後他們都會後悔的。」

關於身為妻子、媽媽，以及要如何成為自己，我想說的是，與其模仿別人怎麼做，不如看這本《妻子、媽媽，偶爾劉中薇》，因為劉中薇已經成功地將「偶爾」演繹為「永恆」，關鍵就在於「用什麼樣的眼光看事情」，讓我們擦去淚水，用幽默，笑看人生。

推薦序二——

我所認識的中薇 2.0

黃璇寧／黃璇寧醫師健康講堂

中薇新書的書名《妻子、媽媽，偶爾劉中薇》，實在是太精闢了，短短九個字，道出多少女性在婚姻裡的身分轉變。

我和中薇認識的時候，她已經進入本書中「當女人成為媽媽」的階段。當時我和她一起上節目，在鏡頭前的她，優雅、溫柔、自信，展現出「偶爾劉中薇」的風采，結束錄影後，我們私下討論育兒經，她母愛噴發、憂喜參半、舉棋不定，和五分鐘前的她彷彿換了一個人。

那是二〇一三年的八月，拜現代科技之賜，我可以一字不漏地回顧過去這九年來，中薇在Messenger和我討論的每一個育兒問題。她的孩子得到腸套疊，我因此得到靈感，寫了腸套疊的衛教文；後來她孩子高燒四十度，我幫忙快篩出腺病毒，順手寫下〈小心燒久姫：腺病毒肆虐〉的衛教文。細讀這些過往的文字對話，我才發現原來中薇也是我寫作的推手，不愧是最受歡迎的文學老師啊！萍水相逢，生命交錯，就能從她獲得下筆的靈感。

中薇是一位敏感的文學家，敏感的特質成就了她的作品，當然也遺傳給她未來不可限量的孩子。書中她娓娓道來，兩個孩子成長過程中的各種情緒化、想太多、難取悅的趣事，回顧起來令人笑中帶淚，相信有高敏感氣質孩子的父母們讀完，肯定非常有共鳴。雖然高敏感兒童時常令父母抓狂，但其實高敏感父母，也需要特別被關心與照顧。曾有科學家針對擁有高敏感基因的母親進行研究，發現若能搭配一個友善的育兒環境，就能塑造出一位既體貼又細心的母親；反之，若處在孤立無援的家庭中撫養孩子，高敏感基因會引起更多的產後憂鬱，與情緒失控的照顧者。

於是，從書中這些生活中的小故事中不難發現，鬍子哥是中薇能夠成為體貼又細心的母親，最關鍵的重要因子。孩子跟媽媽鬧脾氣，鬍子哥去打圓場；家有急事，鬍子哥坐鎮一打二，臨危不亂；甚至帶孩子來看病，把醫生（我）說的話完整呈現給媽媽，這真的是打著燈籠也找不到的好男人。中薇把她和鬍子哥生活的點點滴滴，從爭吵到和好，從不解風情到恩愛，鉅細靡遺地讓讀者看見婚姻的真實風貌，也讓我更認識這位成功女性背後的堅強男人。鬍子哥，好樣的！

中薇老師的粉絲遍布兩岸三地，她的名言「世界是一座遊樂場，人生是一本故事書」，造就了她多變的劇本與小說。這樣一位奔放的新女性，在一般人普遍戲稱為「愛情墳墓」的婚姻中，和「孩子來了，愛情走了」的母親身分中，卻找到了新的浪漫與激情。相信在這本十年婚姻的回憶錄中，作者細膩俏皮的筆觸，能帶給大家生活中更多的靈感。

推薦序三——

那些結婚後才知道的大小事

趙雅麗／淡江大學大眾傳播學系榮譽教授

看著薇一路辛勤長大，知道她一直想要一個屬於自己的家，和樂美滿。

她的婚禮，我受邀致詞。不記得檯面上說了些什麼，但心裡只有一個願：「只要妳幸福，我都祝福。」雖然走過便知道，婚姻生活不是一瞬間的怦然就能幸福美滿。但十年了，薇在一言難盡的生活裡，書寫著自己的哀愁與歡喜，交出了第一張精彩的學習單：這本動人的關於「家」的故事。

家，不只是一個婚姻。更多的是關乎兩代、兩性、親子和自我現實與夢想。薇書寫她的人生轉折，從單身到人妻、人母，那些結了婚才明白的現實，那些生了孩子才知道的大小事，但情節卻屬於每一個人，演的是你我婚姻的日常——感傷、委屈、落寞、失意悵然；也有甜蜜、趣味、突破與成長收穫。

背負著一個家的初始，人妻人母的生活狼狽不堪，日子過得毫無自己，不斷蓄積離家出走的能量，但踏出家門，卻找不到一個去處。而回家，等在眼前的，又似毫無盡頭的日復一日，但返家的一刻，卻能將腥風血雨瞬間轉化成風和日麗。這是薇結婚十年自喜的功力。但我看見的是她的愛，她愛這個家。全心全意的。只是我不捨，一隻蛹，得耐受什麼樣的過程，才能蛻變成蝶！

二十多年來，薇的生活，我從未缺席。與其說是師生，我們更似母女。然而即使親如母女，在漫漫的婚姻路上，我能提供的，多半只是一雙讓她訴說的肩膀，看著她撲在我肩上啜泣流下的淚，臉上的倦，心底的痛，聽她躲在廁所裡改稿的無奈、困在尿布奶瓶中的人生焦慮，暗自期盼她一邊摸索一邊調適，在不斷的挫折磨合中，找出讓婚姻和自己並存活下去的模式。雖不容易，但她做到了。在她舉重若輕地笑談夫妻干戈，自我解嘲、幽默雅緻抑或俏皮的文字背後，我讀到了更多動人的信息，那是她在時光與挫折中琢磨而生的頓悟：「這世界上沒有王子，只有妳自己成為公主。」永遠不要期待一個被幸福的人生。

薇嫁給了愛情，也沒敗給生活。十年的修煉，她終於學會「真的去愛」。

在「拿起」與「放下」間自如。在「現實」與「理想」間起飛了！十年一場婚姻夢，所有的哀怨情仇，最終都交織昇華成足以一笑帶過的回憶，幻化出附錄中一則則令人莞爾的「夫妻對話、小孩小事」。這樣赤誠真情的分享，讀著它們，我笑了，開懷心安的，告訴自己：這是一家人和樂幸福的證明。

安然度過了這十年，我知道有一種愛支撐著薇，繼續燃燒，繼續堅信一切絕非枉然與徒勞，陪伴她走向下一個十年！

各界推薦

在中薇家，女人除了是女人，還必須是男人。我感慨良多，因為在我家，我除了是男人還必須是女人、是媽媽。這個易位、移位，特別讓我感受中薇既是窈窕少婦，更必須是不長鬍子的章魚哥。

幸好中薇天賦異稟，辛苦都在磨難，才能把夫妻關、母子關，闖蕩得分之餘，還能分出手逐一書寫，遂能發現詼諧作為平衡的關鍵性，「偶爾劉中薇」便允許闖關，學著峰迴路轉栽一朵花。

——**吳鈞堯**／作家

記得有次跟薇薇聊天，她說：「我跟你說喔，我現在要離家出走了，我們晚點再聊。」

打開了這本書，明白個中原委，我真的要被薇薇笑死。

跟薇薇一直滿聊得來，我想有個重要的原因——我們都是無可救藥的愛情信徒。

我比較容易，結了婚、沒生小孩，夫妻兩人很認真地執行著「結了婚也要繼續熱戀」的生活目標，說實在沒有那麼難。

薇薇就不同了，身為人妻也是兩個孩子的媽，更別說那個常把她氣到七竅生煙的小兒子了。有些時候，也跟長輩生活在同一個屋簷下。在這樣的客觀條件下，她跟鬍子哥還可以熱切地談著你儂我儂的兩小無猜，我只能佩服得五體投地。

讀完這本書，才發現，那些嬉笑怒罵、自嘲揶揄、柴米油鹽，都是藏在她小小腦袋瓜裡的大大智慧啊，如同她說的，「婚姻這件事，往後看是陰影，往前看，就有光。」

請你好好享受這其中的酸甜苦辣吧！不論是這本書，或是婚姻。

因為，「如果有粒沙掉進眼睛裡，你就……自己拿出來。」

哈哈哈哈哈哈哈哈哈哈哈哈哈哈。

——**路嘉怡**／暢銷作家、主持人

這不只是一本寫給女人看的書，而是警世又真誠的人生使用手冊。

——**劉冠吟**／臺灣文創品牌長

自序

二〇一一年，四月。我來到安徽宏村，探訪電影《臥虎藏龍》的場景。那時心境極為孤單，在一間書屋看見「寫給未來的明信片」，可以自行設定幾年後寄出。

我半信半疑，寫了一封明信片給自己，設定一年後的同月同日寄出，支付一年「慢遞」服務費，共兩塊錢人民幣。

明信片的最後，我許了一個心願：

明年收到明信片，但願已有幸福的家，踏實體驗生命。

隔年，四月。明信片如約寄到家中。閱讀來自一年前的文字，難掩悸動，因為我的確已成人妻，擁有一個家。一年前的許願，一年後竟然成真，我是得老天爺疼愛的女子吧？

然而，老天爺沒說的是：我給妳的，不是一個被實現的願望，而是一份待體驗的旅程，途中光影交錯，喧譁沉寂，妳得自己走，我可管不了了。

∴

這是結婚十年的紀念書，是花十年調整婚姻時差的過程，也是第一手的婚姻實驗紀錄。說是實驗，因為每日都是驗證與質疑，是反省與嘗試。

從小，我就對家充滿渴望。透過婚姻擁有了一個家，才發現，家讓人幸福；婚姻卻讓人時而迷惘、時而受傷。婚姻是一場大浪，瞬間將我淹沒，我雙腳直挺挺站著，潮水退去，一身狼狽，但我還在呼吸。十年算不上婚姻老手，沒資格說是經驗談，頂多是倖存之際，有限腦力所領悟的自我求生指南。

維吉尼亞・吳爾芙說：「人啊，不管有什麼看法，能做的頂多就是說一說自己的看法是怎麼出來的。能給別人的，頂多就是給別人機會去體察說者有什麼淺陋、偏頗、離經叛道之處，再自行琢磨自己的結論。」這本書，大約也是如此。編排上是順著成為人妻、媽媽的時序，關於婚姻中的自我追尋與反思，則在最後一個章節。

剛結婚的時候，曾想寫一本人妻日記，但寫出來都是柴米油鹽，掃把畚箕，索然無味。生孩子以後，想寫一本媽媽筆記，寫出來都是萬念俱灰，直接作罷。偶爾我會想當回我自己，不是人妻，也不是媽媽，但那不太容易，不像川劇的變臉，手一揮就能換上臉譜變身。

年輕時，我自由瀟灑，包包一背就到天涯海角流浪，紐約聽爵士樂，沙漠露營，死海漂浮，墨西哥探險。

我以為，我擁有全世界。

婚姻很快讓我明白我的膚淺，同時把過往自以為是的信心摧毀殆盡。有個聲音在耳邊嘲笑：妳其實沒有那麼厲害，妳愚蠢得令人發噱，只是沒有人告訴妳。

原來對於這個世界，我所知甚少。對於另一半，是荒野開墾。對於嬰兒，直接退回混沌宇宙。而婚姻，是無字天書。

我對世界的重新認識，在嚴重時差的婚姻生活裡超展開。

新婚時，是躲在棉被裡偷笑的那種開心，隨著時間推移，竟然也有躲在棉被裡嚎啕大哭的時候。日子不過就是柴米油鹽裡的風暴，細微繁瑣卻又巨大得不容忽視。

我的老爸跟老媽，各自有兩段（以上）的婚姻，我甘拜下風，我是沒力氣超越他們的。婚姻這檔事，一輩子體驗過一段就夠了，這一段能不能白頭偕老，咱們就走著瞧。

「生了孩子，女人才完整。」我不認同這種論述。不需要把生育跟女人的價值綑綁在一起。但是我也不得不承認，如果沒有生孩子，我眼中看見的世界，其實只有一半。我的淺薄與侷限，都在生了孩子以後表露無遺。

日日夜夜體驗著愛與被愛，在眷世與厭世間反覆，在戀家與逃家間掙扎。想擁抱與想消失的念頭輪替出現。雀躍與窒息、怨念跟感激都同時存在。牢騷滿腹，但也愛意滿溢。

我，或者說女人，就在這樣水裡來、火裡去的日子不斷淬鍊，最終精實成一個發光的靈魂。

∴

幾年前在陽台種了天堂鳥，長長的葉柄上不知何時爬滿白白小點，研究之後，是介殼蟲。我不會醫治，乾脆把枝葉剪光，要是枯了我就換一盆最省事。死寂一陣子，某天竟發現新葉再度冒出來，起初是細細卷卷，到最後舒展成誇張戲劇化的熱帶雨林闊葉。同時，惱人的介殼蟲依然緊緊吸蝕不放。

我一直以為天堂鳥隨時會死，但它卻像不死鳥，一、兩年過去了，介殼蟲還在，天堂鳥卻也益加茂盛。

我驚訝天堂鳥頑強的生命力，明明渾身布滿大大小小的傷口，卻依然展現女王般的氣勢，野悍生長，給陽台帶來豐沛綠意。我好像，看見了自己，或是任何一個在婚姻中的女人。縱然生活如刀，日刮夜刨，我們沒有放棄。縱然淚乾了又濕，疼痛有時，我們依然歡喜辛勤、生氣蓬勃守護一個家。

前陣子，整理老家，發現當年那封安徽宏村「寫給未來的明信片」。實現了那年的心願，日子並不會停留在願望實現當下的喜悅。偶像劇的終點都在婚禮，偏偏婚姻的考驗在婚禮之後才是起點。

如果，讓我再寫一封明信片，寄給這十年婚姻生活的自己，我想跟她些說什麼？

我想說：

謝謝妳，長途跋涉到了這裡，沒有妻子、媽媽的努力，沒有所謂幸福的家。
幸福是狠狠跌倒，也是勇敢爬起。幸福是荒謬吵鬧，也是嘔氣和好。
幸福是咬緊牙關，幸福也是一路過關。
幸福是總是自己，幸福也是偶爾自己。
幸福是很受傷，幸福也是不再怕受傷。
現在的妳，身懷絕技、無所不能、無堅不摧。
結婚十年，妳真的，活下來了！
謝謝妳。
我愛妳。

目錄

PART 2

成為媽媽以後

PART 3

我的孩子不是我的孩子

PART 4

婚姻中的我們與我

前言——

當戀愛中的男人變成沙發上的老公

有個笑話是這麼說的，一對結婚多年的老夫老妻坐在家裡相對無言，於是他們決定打電話給一對新婚夫妻，看看他們在做什麼。

老婆放下電話，興奮回報：「他們正在喝紅酒聊天呢！要不我們也開一瓶紅酒吧？」

老公馬上就開了一瓶上等紅酒，擱了兩個酒杯，然後，兩個人繼續大眼瞪小眼。

老公嘆口氣：「不然妳再去問問，他們都聊些什麼？」

慶幸的是，結婚十年，我還是有很多話想說，當我自以為欣慰地表達：「我覺得我一輩子都跟你有話說。」

鬍子哥幽幽回我：「我更期待我們不說話就能交流。」

很奇怪，婚前一直要找機會跟妳說話的男人，婚後其實希望妳少說一點，最好沒必要不要開口。婚後，隨著熱戀的消退、生兒育女的忙亂，一看見躺在沙發上的老公，總是莫名讓人氣惱。

結婚十年如果還不能體悟男女大不同，那日子沒有最糟，只有更糟。男女從生理、心理、腦結構、社會文化脈絡上，就是不同的，背負的社會期待也不同，永遠不可能平等。不過婚姻追求的是幸福，不是平等，總有些地方得吃點虧，日子才能順風順水，理解彼此的差異，避免午夜搥心肝。

奇摩曾經在一次購物節之後，公佈男女熱銷榜排名，女人採買最多的第一名是「衛生紙」，家是女人永遠的心心念念，為家庭生活的順暢準備用品，一刻不能忘。

男人呢？

猜猜看，第一名是什麼？

登登登登，是「PS4 Pro 1TB主機」。（難不成你以為是拖把或洗碗精？別鬧了。）

當一個媽，忙著在用衛生紙幫小孩擦臉、擦嘴、擦屁股的時候，猛一抬頭，茫然地問：「什麼是PS4？」基於慈悲心，我想她還是不要知道答案比較好。

曾在TED上看到洪蘭教授的演講，她指出女人擅長「顏色與地標」，問路的時候，女人給的答案是：「你往前走，看到7-11就右轉，看到麥當勞就左轉，在你右手邊出現白色教堂，後面那間紅房子就是了。」

男人擅長「距離跟方向」，跟男人問路，得到的是：「中正路走五公里，轉東。」

男人女人就是如此不同，連快樂都無法平等，男人製造血清素的速度比女人快百分之五十二，血清素會讓人感到愉悅、心情好，被稱為「快樂激素」，女人製造得慢，以至於吵架後，老婆還在生氣，老公已經呼呼大睡，老婆只有仰天哀號：「你怎麼可以睡得著！」

日本的腦科學專家黑川伊保子，出版一系列關於男人腦與女人腦的著作，裡面的案例，好多都來自她的家庭，我高度懷疑她的白目老公為她提供了滿滿的創作靈感。說實在，要遇到不白目的老公，比遇到阿飄還難。

在教授「故事」的課堂上，我總是不厭其煩跟學生提點「情境」與「脈絡」的不同，大多數時候，我們都是在「情境」下交會，不懂彼此的「脈絡」，戲劇在操弄的往往就是這種誤會。

了解男女從生物演化脈絡的不同，多多少少可以幫助溝通，或者，可以寬慰自己：「喔，原來他不是故意的。」對老公多一份體諒，對教養兒子和女兒，也能調整期待，減輕內傷。

如果從最原始的文化考察起，大部分公認的版本是，男人在遠古時期負責狩獵，荒野中，他追蹤眺望遠方的獵物，男人腦是運用空間認知力來達到目標，因此他的視覺是看遠不看近。狩獵時候，男人要藉由觀察風吹草動來偵測獵物，所以格外需要專注，這時候如果有人在旁邊嘰嘰喳喳講個不停，他可能會身處險境。研究顯示，男嬰的聽力天生比女嬰差，所以老公聽不清楚老婆說什麼，可以稍加理解。

女人不同，遠古時代女人在家裡要養育小孩、烹煮食物、織布做衣，同時要守望環境，以防動物入侵。女人的左右腦連結強，因此可以全腦運用，眼觀四面，耳聽八方。女人天生就可以一心多用，注意細節。光是從客廳走去上廁所，女人就可以順便收杯子、把桌子擦乾淨、撿起地上的樂高、放好兩本書。

黑川伊保子指出，女人腦是把感情當成觸發器，喚醒記憶，同時瞬間抽出過去類似的經驗。老公隨便說幾句白目的話，老婆瞬間就能把過去所有其他白目的話都抽出來，唉，說穿了，就是女人腦很能翻舊帳。

女人腦還能夠把別人的經驗談，化為自己的智慧，難怪一群媽媽喜歡聚在一起分享媽媽經，優化自己的育兒能力。還有，女人談話，尋求的是「共感」的同理心，想想每次閨密聚會，裡面最多的台詞就是「對！對！對！」、「我懂！我懂！」

如果鬍子哥明白這些道理，應該可以省去吃奶的力氣來活命。但老公是不能隨意指望的，我多累積知識，多深入了解，目的是給自己找求生指南，日常生活放眼望去滿滿都是狀況題，需要愛與智慧來解答。

∴

我是一個多夢的人，幾乎每天晚上都會做夢，剛認識鬍子哥的時候，我常常興沖沖分享亂七八糟、毫無邏輯可言的夢。他哩，就是解夢大師，靠一張鬼扯的嘴，把我唬得一愣一愣。

婚後，變成這樣：

「唉，我昨天做了一個夢……」我迫不及待扯扯他。

「只是夢而已啦。」他敷衍回話。

「解夢老師呢？」

「誰？」

「解夢老師啊，之前我每次做夢講給你聽，你就會幫我解夢啊，快點把解夢老師叫出來！」

「喔，他退休了。」

「蛤？」

「妳不知道那是追求的招數嗎？」

如此坦白是讓人有點牙癢癢。想想，男人是目標型的，要娶回來當老婆的女人是他狩獵的目標，當然對女人很上心，睡前煲電話粥，下午送咖啡點心，假日開車兜風，都是狩獵過程。

結婚以後，獵物到手了，他就轉向另一個目標，那個目標是讓家更安定，事業更穩當。

有個笑話說：「一個男人給他老婆開車門，要麼車是新的，要麼老婆是新的。」鬍子哥只有在換車的時候，會興奮地喊：「老婆，妳下來一下，我給妳一個驚喜！」

其實，我早就沒有驚喜了，難道我期待下去看到一束鮮花嗎？如果是，我要吞兩顆鎮定劑。

男人的目標，有時候還會輸入錯誤。

我們出門到宜蘭小旅行，車子開了一陣子。

鬍子哥忽然冒出一聲：「咦？」

這聲音不尋常，我警戒：「怎麼了？是不是住宿券忘了帶？」

鬍子哥沉默一陣，忽然驚呼：「我開錯路了啦！妳趕快拿妳的手機google大溪漁港。」

我一google，我手機上出現的畫面，跟他現在在看的導航路線是一樣的。

「你的導航沒有錯啊。」

「但是我開錯了啊。」鬍子哥說。

「你不是照著導航開的嗎？」太納悶了。

「我知道我要去宜蘭的大溪漁港，但是我腦中一直想著另一個漁港，所以我自己往另一個漁港開，然後導航就一直修正我的路線……」

喔，原來原始輸入就已經是錯誤的，他就一意孤行錯下去……

「現在怎麼辦？」

「要下高速公路往回開。」

兩隻在後座抗議：「齁，爸爸，又要繞回去，很浪費時間耶！」

我按捺住殺氣，笑得很虛假：「爸爸也不是故意的，繞來繞去我們可以看風景啊。」

然後，我隨口又說了一句：「至少爸爸有記得帶住宿券。」

然後，那一頭，非常沉默……異常沉默……

一股不祥的預感湧上……

我強笑著問：「你，有記得帶住宿券吧？」

「哈哈哈，哈哈哈，反正我們都要往回走了，乾脆順便回家拿住宿券吧。」

∴

也說男人的腦，會記得主要事件，忘卻旁枝小事。因為專注在一個目標，其他就難免忽略。

有次，我把身分證給鬍子哥，拜託他去便利商店領童書，書領回來以後，我跟他要回身分證，他找不到。太奇怪了，不過是一個小時前的事。

「你領書時候總會拿出我的身分證吧？」我問。

「我沒有拿出妳的身分證，就領到書了。」

「那身分證呢？」

「不知道。」

「你收在哪裡呀？」

「不知道。」

「你最後看到它是在哪裡？」

「不知道……」

一問三不知。

這下可好，我要去銀行辦事，銀行說我沒有身分證不能辦業務，我只好在寒風中繞去市公所補辦身分證。

真是悔不當初，我是神經錯亂了嗎？為什麼要請老公去領東西？靠自己才是最牢靠的。

忙了一圈，再度回到銀行櫃檯，銀行小姐拿著我熱騰騰的身分證問：「咦？妳這身分證是剛補發的？」

「是的。」

「妳原來的身分證怎麼不見啦？」她好奇又問。

「請老公去便利商店領小孩的東西，就不見了。」我無奈且坦白地回答。

她忽然興奮起來，好似遇到了知音：「我老公也是這樣耶！我把小孩健保卡給他，結果看完病，健保卡就不見了。」

同病相憐的老婆還真不少。

∴

談到視覺，男人看大不看小，看遠不看近。

我最記得，有次鬍子哥問我：「電源線在哪裡？」

「儲藏室。」我說。

他去儲藏室找了一圈，又回來問我：「電源線在哪裡？」

「我不是說了儲藏室嗎？」

「我沒看見啊！」

我惱了，馬上打開儲藏室的門，電源線赫然就在正中央，根本連找都不用找，怎麼會看不見？這時候就試著去理解他，因為他只能看遠，不能看近。下次他要找東西，就放在一百公尺遠的地方，他肯定就找得到了。

黑川伊保子提出一個很有意思的看法：「男人腦只要情緒稍微有緊繃，便會停用語音辨識功能，於是對方的聲音聽起來就會像是蚊子的嗡嗡聲。」

這對女人來說很難理解，因為女人的腦一直在啟動狀態，沒有暫停，也沒有關機，就算恍神，還是能順利進行對話。

可是男人面對喋喋不休的女人，只要三分鐘沒聽到重點，他的腦就會進入休眠狀態。

這時候，老婆如果突然問起：「學校的寒假群聚關懷調查表你填了嗎？」

老公聽起來是：「嗡嗡嗡、嗡嗡嗡？」於是，老公就會反問：「蛤？」

這個「蛤」，就會觸怒老婆，繼續劈哩啪啦地講：「你這蛤是什麼意思？你不是說你要填嗎？你忘記了嗎？」

日常生活中，許多演變成「你那是什麼態度」的事件，很多就是因為老公語音功能停用所導致。

解決這歧異的方法也不難，跟男人說話的時候，第一步，要進入他的視線範圍，並呼叫他的名字。第二步，等待三秒，再進入主題。

這對老公、兒子都適用。

來示範一下：

「老公老公……」先站在他面前，呼喚他的名字。

「嗯？」他回答了，確定眼神看著我，注意力聚焦在我要說什麼。

「今天你去收衣服，然後摺好，並且分別收進兒子跟女兒的衣櫃裡。」

精準、具體的訴求很重要，我曾經只匆匆交代一句：「你去收一下衣服。」回來就看見：衣服是收下來了，但是亂成一團在床上。

所以，收衣服、摺衣服、放回小孩衣櫃。

這三個指令要具體下精準，他接收到了，結果就會皆大歡喜。

∴

還有一個非常有趣的分析，值得了解。

關於結婚紀念日。（或任何兩人之間的重要日子。）

女人的腦是迂迴連結的，像是錯綜複雜的電線，情感就是驅動力，一點觸發，就會全面啟動。對老婆來說，結婚紀念日是「從以前到現在走過的路」的成果。如果這一天，被啟動的情緒是正向的，那麼老婆喚起的婚姻回憶就都是快樂的；如果這一天，被啟動的情緒是負面的，那麼被喚起的婚姻回憶就會糟糕無比。

結婚紀念日就是老公「逆轉勝」的日子，出力出在關口上，事半功倍。所以一個聰明的老公，要想辦法讓紀念日變成幸福的記憶。

黑川伊保子提出老公應該在結婚紀念日之前就開始預告：「那天我們可以去妳愛吃的餐廳喔！」（黑川伊保子怎能對老公有如此天真的期待？）因為提早預告，所以老婆會開始計畫要穿什麼衣服、要提早去做臉、當天可能要上髮廊……光是這個期待的過程，就足以讓女人腦感到幸福滿溢。

我對鬍子哥「逆轉勝」的能力實在沒有把握，從「逆局」變成「破局」可就難以收拾，我自己預告比較能夠靠近幸福。過去幾年的紀念日，沒什麼特別慶祝，還曾經遇到正在互看對方不順眼，只希望紀念日當天對方不要出現搞壞了心情。

結婚十周年，我們從一年的「紙婚」，淬鍊成十年的「錫婚」，牢不可破（咦？）。怎麼樣都得慶賀婚姻喜氣延綿、萬壽無疆。

一個月前我就興致勃勃宣佈：「我們要回到結婚宴客時候的酒店住一晚喔！」提早預告慶祝儀式，並不是有錯誤期待，以為能看見他上健身房練八塊肌、人魚線，我只是同步預告了當天晚上的龍蝦牛排大餐，以及「帳單」，讓他提早有心理準備。

結婚十年，敲詐老公，心安理得之餘也帶點仁慈，永保婚姻平安。

註：黑川伊保子著作有《老公使用說明書》、《老婆使用說明書》、《男女溝通使用說明書》、《家人使用說明書》等等。

PART · 1

女人的進化

真愛的辯證

世界走到盡頭，才發現幸福就在街口
親愛的大家
我嫁了
因為他懂我

我用婚紗照，配上這段話，在臉書上公布我結婚的消息。
那已經是十年前的事。
十年後，臉書再度跳出這則訊息，我怔忡許久……

十年了嗎？
感覺像是昨天的事。
好像昨天才被求婚。昨天才去公證。昨天才拍了婚紗。昨天才大宴賓客。

可不是這樣的，婚紗已經套不進去，白皙的皮膚如今泛黃，膠原蛋白已經流失，耳邊沒有浪漫情歌、呢喃情話，只聽見兩個小孩打打鬧鬧鬼哭神號。

當初因為「他懂我」而非嫁不可的衝動。

如今多了好多「不懂」……

十年來，最常被問的是，四個月，怎麼敢嫁？

是的，以「客觀事實」來說，我們並不熟。

當時他在上海，我在台北，他飛來，我飛去，見面次數不超過十次。

婚前，他見老爸兩次。

第一次，送老爸一瓶加拿大冰酒。

第二次，農曆年拜年。

第三次，就是去稟告老爸，我們結婚了。

後來，老爸不只一次扼腕：「才一瓶冰酒，就把女兒給嫁了！」

但是就「主觀感受」而言，我終於明白婚姻前輩們口中所言：「當妳遇到妳就知道了。」我深深感到「地球表面上，除了鬍子哥，我誰都不要」那種強烈的篤定。（現在想來，有可能是年輕時偶像劇寫太多的後遺症。）

電影《戀夏500日》，在第四百八十八天，男主角湯姆與女主角夏天重逢，夏天已經嫁做人婦，湯姆不解地問：「為什麼妳不當任何人的女朋友，現在卻成為某個人的妻子？」

「因為有一天醒來，我就是知道了。」夏天說。

「知道什麼？」

「我跟你在一起時無法確定的事。」

當年，就是這種確定的感覺，才敢閃婚吧？

偷偷告訴你，我啊，不得不臉紅坦承，其實那短暫交往的四個月當中，我不只一次氣惱：「這人怎麼搞的，傻啦？這麼久了還不求婚？」

現在想來都不可思議，傻的是我，根本瘋了。

四個月怎麼會久？那不過是春夏秋冬的其中一季罷了。

婚後澈底清醒，常常在夜闌人靜檢討自己難以捉摸的個性，明明罹患嚴重的「沒完沒了多重思考症候群」，買雙鞋子，黑色跟咖啡色都必須跟閨密們舉行民調，三心二意、猶豫不決，怎麼婚姻大事想都不想、問都不問，四個月就定了？

有次看電視，意外看到唐國師的星座分析，唐國師說：「月亮牡羊的人非常渴望知音，常常嘴巴上說不要，但兩個月後陷入熱戀，很快就閃婚。」

我就是月座牡羊，難道是星際的引力在搞鬼？

關於這問題，我與鬍子哥認真討論過。

鬍子哥崇尚不婚不子。

鬍子媽（婆婆大人）特別殷殷叮囑他：「你如果不結婚，一定要跟薇薇說。」

鬍子媽是宅心人厚的大好人，畢竟當年我也三十有五了，禁不起蹉跎了啊。

到底是誰招惹了誰，至今懸而未決。

鬍子哥一口咬定：「就是妳幫我下蠱了啊！」

「我哪有，明明是你單膝下跪，用皮帶扣環跟我求了婚！我還有錄影存證喔！」

「哎呀！」他懊惱地大手一揗。

難道，是因為……

我其實沒做什麼，只是買通了各大月老，順便啟動宇宙吸引力法則，再發動身邊閨密集體睡前祈禱，嘖嘖，沒想到還真有效。

∴

英國才子艾倫．狄波頓在《我談的那場戀愛》中，首篇探討浪漫的宿命論。文中認真分析他與珂蘿葉在英倫海峽上一班英航波音客機相遇的機率是五千八百四十點二分之一。各自有一連串的因緣際會，才會那麼剛好，兩人搭上同樣的班機，坐在相鄰的位置。

熱戀的時候往往一廂情願，認定一切都是冥冥中早有安排。

他家住在中興街頭，我家住在中興街尾。

捷運站一號出口出來，他往右走，我往左走。

我們在同一間7-11買過咖啡，在同一間彩券行買過大樂透。

可是，錯身……

再錯身……

馬路都知道，我們一前一後走過。

早餐店也知道，那個豬肉漢堡加蛋，我買過，他也買過。

連醫院也知道，我躺過的病床，他不久前剛去吊過點滴。
就這樣過了二十五年。

像辛波絲卡詩裡所寫：

既然從未見過面，所以他們確定
彼此並無任何瓜葛。
但是聽聽自街道、樓梯、走廊傳出的話語——
他倆或許擦肩而過一百萬次了吧？

我想問他們
是否記不得了——
在旋轉門
面對面那一刻？
或者在人群中喃喃說出的「對不起」？
或者在聽筒截獲的唐突的「打錯了」？

要有多少因緣際會的累加，才能讓不同國度的兩個人相遇？

如果當年公公婆婆沒有把他從馬來西亞帶到台北受教育，如果我們家沒有從台中搬到中壢搬到台北。

如果我們沒有落腳在永和，如果他們也沒有落腳在永和。

如果我沒有在小學認識Fion，Fion沒有在高中認識他，那麼Fion就不可能把他介紹給我。

「機率的計算不僅沒有說服我們相信理性的論述，反而更加強我們墜入情網的神祕性。如果一件事情背後的機會微乎其微，而這件事情仍舊發生，難道不能以宿命的角度去看待嗎？」艾倫．狄波頓這麼說。

喔，還有一點，與機率的計算無關，詢問Fion，為什麼要把鬍子哥介紹給我？

Fion是插畫家，基於畫家的視覺敏感度，她搔搔頭說：「怪了，我就覺得你們長得有點像。」

以上，演繹的都是這一世的緣分。

緣分也可能是久遠以前。

如佛家所言的，五百年的修煉，只為今生一次擦肩。

又如，紅樓夢裡面，絳珠草投胎成了林黛玉，終日哭泣，要把一生的眼淚償還。人間所有相遇，都是久別重逢。在這世人間之前，必有累世的相聚與別離，割捨與眷戀。

記得還是單身的時候，一位朋友迷上由星宿看前世今生。她把書給了我，我在極其無聊的夜晚，把身邊所有異性的名字都推算了一遍，鬍子哥竟是唯一一個人，與我生生世世是戰友。

在遙遠的千萬年前，我們曾經一同披盔甲出征，披荊斬棘，最後戰死沙場。我愣愣闔上書，心中漾起奇異的感覺，當時，我還沒見過遠在上海的鬍子哥，而他竟是我累世的戰友？我忍不住莞爾一笑。

很常聽見這句祝福——執子之手，與子偕老。

就像是情歌：我能想到最浪漫的事，就是和你一起慢慢變老，直到我們老得哪兒也去不了，你還依然把我當成手心裡的寶。

可是，「執子之手，與子偕老」一開始講的不是愛情呀！它出自《詩經》的〈邶風・擊鼓〉篇，這首詩原本描述的是一場死傷慘重的戰爭，說的是征戰沙場的幾位戰士同袍，他們互相鼓勵著：「兄弟啊！今天上戰場，你可別陣亡！我們說好了，要一起活到老，要一起白髮蒼蒼！」那場景鼓聲隆隆、黃沙漫天，哪有半點浪漫可言？

也許我們曾經在過往不知名的時空中同甘共苦、同生共死過，於是第一眼見到鬍子哥，就有一種莫名的熟悉感。是這樣，才敢閃婚嗎？

有一份報導指出，英國結婚網站曾向四千名已婚夫妻進行調查研究，最後得出一道「結婚時間方程式」。首先是交往十七個月，同居二十二個月，訂婚後再相處二十個月才結婚。算一算，要用上三年多，所以一對情侶最好交往、相處三到四年再結婚，這樣的婚姻比較幸福。

如果把生生世世都加上，我們認識的時間已經遠遠超越了結婚時間方程式。四個月，只是零頭。

不過閃婚這個舉動，如果是二十五歲，我肯定不敢。

三十五歲，是剛剛好的衝動。

那年，那些我羨慕比我早覓得好姻緣的朋友，陸陸續續開始有人在離婚，婚姻只維持了三、五年，便無話可說、搖搖欲墜。

我才發現，晚晚遇到，但是走得久久的，也許是上天的厚愛。

三十五歲的我，跟自己相處得夠久，去的地方夠多，看的人夠多，跌得跤也已經多到可以心平氣和去面對。這樣的我，是準備好的我，套句老爸的話：「新娘準備好，新郎就會出現。」

而我身邊親近的人都比我早知道新郎的消息，那些消息充滿難以解釋的神祕。

一位體質靈慧的文壇姊姊，有天跟我說：「薇薇，我夢見妳結婚了。」

「我連對象都沒有，結什麼婚？」

「真的啦！」怕我不信，姊姊繼續解釋：「那個夢好清晰，妳穿著白紗，先生看起來年紀比妳大，很疼妳的樣子，不過長得不高耶！」

「有比我高嗎？」

「高一點點。」沒關係，疼我比較重要，我勉強接受這個素未謀面的夢中新郎吧！

另一個故事，老媽在沙發上午睡，睡醒納悶地說：「好奇怪，我做了一個夢。有個男生來我們家接妳，要帶妳去約會，妳在化妝換衣服，那個男生在旁邊等，然後跟我說，他很喜歡妳，對妳是認真的。」

「他長什麼樣子啊？」

「嗯，不高，穿T恤，一條馬褲，到膝蓋這裡，戴棒球帽、布球鞋，很有個性的樣子。」

後來，老媽第一次看到鬍子哥，驚詫地拉我到一旁：「我夢裡那個男生長得好像他！」

後來，我的婚紗照披露在臉書上，文壇姊姊馬上打電話我，驚呼：「天啊！薇薇，我夢中妳的新郎，就是他！」

這些像是喜鵲報喜的預言，是茶餘飯後的談資，我猜月老被我煩死了，決定賣個關子逗逗我，所以拐彎抹角，硬是要派這麼多人傳消息，這裡一句：「快來囉！」那裡一句：「馬上就到喔！」

月老，你也太可愛。

∴

婚後有次接受採訪，採訪者是一位二十出頭歲的年輕女孩，她睜著清純無邪的眼，嗓音甜甜地說：「好羨慕妳遇見真愛喔！」

天真是好的。

但真愛不是用來遇見的。

婚姻生活不是一瞬間的怦然就能幸福美滿。

生活中瑣瑣碎碎的摩擦、雙方家人的大事小事。小孩的健康問題、教養問題、念書問題，大大小小都是衝突。然後你開刀我生病，誰車禍、誰昏倒、誰誰誰婚、喪、喜、慶……

很多時候我被鬍子哥氣個半死，更多時候他也被我氣得怒吼。

我們吵架、我們冷戰，我們也可以一秒和好，好像什麼都沒發生過。

曾經感慨：「有沒有嫁對人，生了孩子才知道。」

婚姻的試煉，不通過共同養育小孩的焦頭爛額，實在難以張顯出它的複雜度。

也只有在三不五時的突發狀況中，雙方家庭的關係角力中，工作與家庭的矛盾衝突中，才能看見彼此在問題發生時的幽默感與成熟度。

豬隊友跟神隊友，大概就是地溝油跟初榨橄欖油的差別。

婚後七年，寫《未來媽媽》，看到許多夫妻因為不孕而衝突，又忍不住感慨：「有沒有嫁對人，生不出孩子的時候才知道。」

因為生不出孩子，才發現，他在意的是妳，還是妳的生育功能。也才知道，面對婚姻中共同的困境，另一半究竟是推妳落深淵，還是拉妳出泥淖。每過一天，是更傷心，還是更加遠離傷心。

結婚的經典誓言是：「我愛你，無論是順境或是逆境、富裕或貧窮、健康或疾病、快樂或憂愁。」

人生的考驗何其多，不孕只是其中之一。未來也可能遇到：生病的孩子、失智的婆婆、中風的公公、欠債的親家、中年失業、投資失利、創業破產、外頭鶯鶯燕燕好美麗……

遇見對的人只是起點。禁得起歲月、耐得了摩擦。一起，一直一起，沒有誰放開手，才是真感情。

所以真愛到底是什麼？

《未來媽媽》裡有一段台詞是這樣的：「這世界上沒有一個人，放在那裡叫做『真愛』，真愛不是一個對象。真愛是妳遇到一個人，你們在一起，經過漫長的歲月，經歷重重的關卡，你們一起快樂、一起悲傷，無論發生什麼事情，你們還是在一起，你們誰都沒有放手，因為這樣，終於證明了你們之間的這份感情，叫做真愛。」

真愛不是結婚心動的理由。

真愛是婚姻風風雨雨之後的結果。

並不是真愛能夠克服種種考驗，而是禁得起種種考驗摧殘的，才叫真愛。

可是啊，弔詭的是，擁有真愛，也不代表婚姻就能白頭偕老。

Netflix出品的電影《婚姻故事》讓人心有戚戚。十年前，妮可與查理一見鍾情，兩年後生下兒子，像許多婚姻一樣，太太配合著先生，離開自己成長的城市，隨先生到紐約工作。先生事業蒸蒸日上，太太的光芒卻日漸黯淡。

婚姻的衰敗無聲無息，到了一個程度，就會一瞬間轟然崩塌。

「我從來沒有為自己活過，我一直只為他而活。」

「他沒有把我當做獨立的個體。」

「每天早上醒來，我都恨不得你死掉。」

如果這些台詞覺得怵目驚心，實在是因為它們太過真實。

故事最後，兩人和平離婚。

「我見到他兩秒就愛上他了，就算現在愛他已經沒有意義，但今生我還是會持續愛著他。」這是太太寫的信，先生邊念邊落淚，明明就是相知相愛的兩個人，嫁給愛情，卻敗給了生活。

是真愛又如何？

也許根本不用討論真愛，也不用驗證真愛，學會「真的去愛」，才是一生的修煉。

浪漫如此而已

在我剛認識鬍子哥的時候，曾經有過一次關於浪漫的誤會。

那天是他要飛上海工作的前一日，我被邀請主講一場讀書會，活動尾聲的時候收到他傳來訊息：「我過來接妳。」

想到他出差前硬是湊出時間來見我，不由得有一絲甜。

離開活動現場，果然有一輛計程車等在門口，他在車上。

我興沖沖上了車，按捺住喜悅，用極淡的口吻問：「你要帶我去哪裡？」

「祕密。」他用神祕的語氣說。

我故作鎮定，轉頭看向窗外，「祕密」兩個字，已經撞亂了我。

窗外是晴空朗朗白雲飄飄，橫看豎看都是約會的好日子，我當時被愛情沖昏了的腦袋瓜，開始上演小劇場：天氣這麼好，難道他要帶我直奔陽明山喝下午茶？我的確是不經意地跟他提過，我很久沒去陽明山了……

還是，他買好電影票，要帶我去看電影？我曾明白表示，電影是我的最愛。

還是，他要帶我去拿一份他為我準備的驚喜？千萬不要是一束花，太老哏了。或者是海邊沙灘上刻了告白的話語？太肉麻了，我害羞。

還是，什麼呢？

車子行走在城市的大街小巷裡，越開越偏離市區，不像去山上，也不像去海邊。啊！我懂了，他一定是要帶我去他的祕密基地，無人知曉，專屬於我倆隱藏版的風景祕境。

肯定是這樣的。

目的地到了，一個老舊社區，巷弄間是濃蔭綠意。

他付錢下車，我困惑不已，又忐忑興奮地跟上。

隨即，他走到社區內的一間店面，停下腳步，在我眼前，赫然出現……我簡直不敢相信我看見的……是一間傳統的、極其普通的……理、髮、廳？

為什麼帶我來這裡？

我還來不及想出浪漫有創意的答案，他簡單明瞭解答：「我進去剪頭髮，妳可以坐在裡面，或是在門口等我。」

然後，他頭也不回的，走進去，剪他的頭髮。

留下一臉抽筋的我。

「我以為你會帶我去哪裡走一走。」後來，我嬌嗔地發表不滿。

「有啊！我不是帶妳來理髮廳走一走嗎？」

「那是你要我陪你剪頭髮啊！又不是我們一起去做些什麼！」

「妳可以在旁邊洗頭髮，不就是我們一起了嗎？」

既然出差前只剩一個下午，他得剪頭髮，又想見我，乾脆帶著我去剪頭髮，一舉兩得，不得不承認，此人務實得澈底。

據他的解讀，做什麼不重要，重要的是，兩個人一起。我想不出反駁的理由，的確沒有資料能佐證，約會去剪頭髮是一件不浪漫的事，頭髮無辜，禁不起控訴。

如果看電影、賞夜景、送花是大多數人認為的浪漫行為，那麼「大多數」就不隸屬「特別」。我們追求的，不就是獨一無二嗎？

「不夠浪漫」與「不夠特別」一比較，我就勉強接受了帶我去理髮廳這種「特別」的約會。

沒多久，遇上聖誕節。我這個聖誕控，怎麼可能錯過？當我喜孜孜把精心準備的聖誕禮物送給鬍子哥，眼前出現的是：一個無比驚恐的男人，彈退三步，嘴裡嚷著：「這是什麼？這是什麼？」

「驚喜啊！聖誕禮物啊！又不是炸彈！」我有點惱。

「什麼驚喜？我不要驚喜，不要給我驚喜。」他繼續驚恐地嚷著，完全不想拆禮物。

你的糖果是別人的毒藥。
我的驚喜是他的炸彈。

好，我們有骨氣，節日這種應景的虛假浪漫，我們不過，好端端地幹麼成為商人剝削的對象呢？我帶著賭氣地想：笑話！我還缺這個節嗎？我們天天都在過節呢！

於是婚後在雞飛狗跳的日子裡，我幹過這件蠢事：

「你記不記得，有一年，有個晚上小孩不在家，你回來，我把燈全關了，屋裡點滿蠟燭，還有香氛精油，桌上擺兩杯紅酒，然後一個穿著性感蕾絲睡衣的女人，走出來迎接你。」

「記得啊，嚇得我以為走錯屋子了，差點要逃出去。」鬍子哥露出心有餘悸的表情。

那晚，鬍子哥從進門看到蠟燭就開始悶笑。當風情萬種的老婆從房內走出來，擺出撩人姿態，秀出香噴噴的美腿，他……就整個笑到岔氣，跌倒在地。充滿玫瑰香味的浪漫氣氛，瞬間蕩然無存。虧我翻箱倒櫃找出那件壓得皺皺的性感睡衣。

想想十年來，他沒送過我一朵花，連個花瓣影子都沒有，那些曾經用一百朵、兩百朵玫瑰花寵我的男人，豈不為我哭瞎了眼，何以落得這等田地。

跟個務實的男人在一起，浪漫自有生機，從生活的夾縫中兀自冒出頭，長出綠葉嫩芽，它不會開成一朵玫瑰花，會長成別款舒心的花兒。

有次，鬍子哥的朋友錯買一台六十吋電視機，願意以八折售出。

鬍子哥馬上敲我：「妳媽不是說家裡電視霧霧的？我們幫她換一台大電視吧！」

於是，某個早晨，送小孩上學之後，我們載著六十吋的電視機，回到老媽家。

早上八點，老媽還在睡。

我們小心翼翼、躡手躡腳開門，用良好的默契，一人扛一人搬，把電視機搞進屋裡，然後火速拆卸舊電視，把新電視換上，前後不過二十分鐘。

離開前，我偷偷打開老媽房門，老媽正在打鼾，渾然不知有人溜進家裡，偷天換日。

我們把舊電視搬走，用迅雷不及掩耳的速度撤離，跳上車子瀟灑出發，我帥氣甩甩頭，錯覺自己在演電影《史密斯任務》，我倆就是合作無間的特務夫婦，天衣無縫完成任務。

沒多久，老媽電話打來，語氣驚喜凌亂：「很奇怪捏，那個電視，好像長大了，裡面的人都變大了……怎麼睡一覺起來，電視就會自己長大啊？」

這一頭，我們掩著嘴笑。

鬍子哥看看我。我看看鬍子哥。

我們眼中有惺惺相惜的情意，你泥中有我，我泥中有你的浪漫感油然而生。

這一瞬間，忽然覺得他好性感。

為了帶小孩露營，鬍子哥買了一台四輪驅動車，方便上山下海，這車子還能加裝頂棚，直接拉開就有側邊帳。

首發露營，遇上豪大雨，小小天棚下，我們一家四口躲在一起，又濕又凍，滿腳都是泥濘。我瑟瑟發抖，燃起一爐火，煮熱茶暖身，恍惚間是白居易的詩：綠螘新醅酒，紅泥小火爐。晚來天欲雪，能飲一杯無。

雨勢磅礴，我渾身濕透，披頭散髮。我們寸步難移，哪兒也去不了。山林峽谷中，蒼茫天地間，只有彼此可依偎。滂沱大雨裡，鬍子哥朝我吼著：「這樣是不是很浪漫？」我滿臉是雨，吼回去：「超他媽的浪漫！」

當然也有些時候的浪漫，是不需緊黏在一起的。

好比，鬍子哥搞定小子難纏的數學，還想辦法讓小妞背完唐詩，然後說：「我帶他們去騎腳踏車。」

「不用太早回來，吃完晚餐再回家喔。」我趕忙追加。

「沒問題。」

這種一肩扛起把小孩帶開的務實舉動，大大增進夫妻情感，就算給我一顆鴿子蛋的戒指，也難有如此蕩氣迴腸的浪漫。

王爾德說過：「男人結婚是因為他累了，女人結婚是因為好奇，但最終他們都會失望。」於其說是失望，不如說是認清了現實，看透了生活，兩個人一起陪小孩搞作業，馬上就能培養出患難與共的革命情感。我罵小孩的時候他給我遞茶水，他罰小孩的時候，我給他捏肩膀。

無論如何，晚上睡覺，一家四口全躺平在床上，大家手牽著手，一同進入夢鄉。少了哪一雙手，誰都睡不好，還有比這個更浪漫的事嗎？

向宇宙訂做一個老公

遇到鬍子哥之前，有很長一段時間，我頻繁地在喝咖啡。

很多人熱情地給我介紹對象，我臉皮薄，禁不起盛情，怎麼樣都去喝一杯咖啡。同時我是懷抱著希望的，說不准哪一次，就會遇到那個可以牽手走很久的人。

不知道是不是上輩子惹惱了邱比特，又頂撞了月老，所以他們遲遲不把那個人放在我面前。喝完咖啡，要不是對方看我不怎樣，就是我看對方不順眼。靠家裡的我瞧不起，比我笨的我懶得理，比我不努力的我一點也不服氣。

老媽的態度是，妳都三十五了，條件差不多就好嫁了，別再挑三揀四。

「老米在市場上賣不了好價錢。」

「但是飯悶久了比較香。」

這完全是兩種心態。

我都三十五了，更不能將就，不然前面那麼多年的光陰，不是白熬了嗎？不但要挑三揀四，還要挑七揀八……

我不是嫁不掉，我是不想嫁。

我要有強大的心理素質，用我的「不想嫁」跟老媽的「嫁不掉」拔河。時不時就糾正老媽的語言措詞，以正其視聽、穩其心念。

但，咖啡喝多了，一杯一杯涼了，心也一次一次跟著涼了。

有陣子，《祕密》這本書很流行，吸引力法則幾乎成了全民口頭禪，你要向宇宙下訂單，要大力許願，想所有你所能想到最奢望的那些，你值得你想要的一切。像催眠、像口號，莫名壯大了許多（虛枉）自信，對！我是那麼高貴，我值得最棒的幸福。我不是老米，我是香飯。

於是某個高傲不肯低頭卻又孤獨唏噓的夜晚，我打開檔案，開始不顧一切地瘋狂列下條件，我喜歡什麼樣的男人？什麼樣的男人，我才肯嫁。不管有多麼荒唐，也不管老天會不會嘲笑我，套句老爸所言：「妳的男人要訂做。」是！老爸，我就在下訂單，就算訂做不成，也不要將就。

我振筆疾書，帶著賭氣，狠狠發洩那樣。

1. 我喜歡他很孝順，很有上進心，喜歡學習成長。
2. 我喜歡他有某種程度的純真。
3. 我喜歡他讓我疼他，不要嫌我煩。喜歡吃我做的幸福早餐。或是做壞了的午餐與晚餐。
4. 我喜歡他欣賞我不長的腿，不大的胸部，不小的屁股。
5. 我喜歡他比我聰明，讓我敬佩。
6. 我喜歡他有高尚的人格，光明磊落，並且有真誠的溫暖。
7. 我喜歡他愛我不光只是因為我很可愛，因為我不是真的那麼可愛，很多時候還挺可惡的。
8. 我喜歡他對我的家人友善，願意試著去相處。我也會盡力愛他的家人，努力讓大家愛在一起……（以下省略千萬字。）

一口氣，洋洋灑灑寫完，揮汗如雨。認真算了算，竟然列了五十四個條件。

嘩！太過分了！我倒抽一口氣，冷汗直冒，這下，應該真的嫁不掉了。

趕緊把檔案關掉，假裝這件事情不存在。

多年後，幾乎忘了有這份檔案，某日整理電腦，看到這一篇宇宙訂單，驚駭得下巴快掉下來。鬍子哥，分毫不差，五十四條全都符合。

原來宇宙有交貨給我，品管良好。

這下，我懊惱極了，當時的自己實在好傻好天真，開出的條件雲裡來霧裡去，不食人間煙火。

經歷十年柴米油鹽的家庭生活以後，我誠心希望女兒將來的訂單應該增加具體實際的項目，能夠落實在提升生活品質、消弭溝通障礙、維護居家清潔、減少相看兩厭的危機。

類似：

每周做家事幾小時。

每月上市場幾次。

每日主動清洗馬桶。

搞得清楚小孩每日作息。

喊人就要出現，無故不得藏匿於廁所馬桶上。

頭髮茂密、人魚線、八塊肌，身高一八〇。三十歲神似胡歌，四十歲像金城武，五十歲像劉德華，六十歲以上像勞勃・狄尼洛。

瞧，婚姻讓人打出原形，人心就是如此貪婪不滿足，人家沒嫌妳脾氣差性子急、小腿壯毛孔粗。妳倒真的挑三揀四、挑七揀八。

我想，這應該是宇宙最棘手的訂單，世界末日之前不可能出貨。

幸好我已經嫁了，呼！

∴

婚後十年。

再來看這訂做而來的老公。

宇宙的品管還不錯，那些我欣賞的特質，折舊後八成都還存在。

只不過，物換星移，部分當初喜歡的那些地方，放在生活的角力裡，開始有了矛盾。

好比，因為有某種程度的純真，完全不知道孩童用藥需要謹慎。

醫生說：「早上兩顆，晚上三顆。」

鬍子哥就乾脆一口氣給小子吞了五顆抗生素。

「怎麼可能一口氣吞五顆抗生素呢？這不是基本常識嗎？」我發現以後震驚不已。

「反正一天的藥量是一樣的啊！」

嗯，如果不顧慮任何後果的話，其實「一年」的藥量也是可以一口氣吞掉的。

（虛弱）

好比，喜歡學習。鬍子哥考上了碩士班，我多欣賞熱愛學習成長的人。

於是每個星期有幾個晚上，他十點半才能到家，我一個人搞定兩個皮蛋備餐吃飯洗澡吵架寫作業洗碗倒廚餘刷牙哄睡覺……

兩小孩有時鬧脾氣，一定要等爸爸回家才睡覺，最後變成全家人等鬍子哥回來，十一點才入睡。

這樣的日子，晃眼兩年。

我也好想每周有幾個晚上放空學習、充實心靈啊！成不成功的男人，背後都有一個偉大的女人。

鬍子哥碩士班終於畢業那天，我比他更激動，拽著他的衣領再三確認：「畢業了嗎？真的畢業了嗎？」

有些地方是我變了。

當初怎麼會許下這種條件？

「喜歡他讓我疼他，不要嫌我煩。喜歡吃我做的幸福早餐。」

早上六點奮力爬起來，準備好兩隻的餐袋、水壺，再把衣服丟進洗衣機。打好酪梨牛奶，切好蘋果，做好小子要的蘑菇混蛋、小妞要的醬油荷包蛋，還有鬍子哥的火腿蛋三明治。

忙了一早上，已經團團轉滿身汗，正想喘口氣，此時，鬍子哥睡眼惺忪起床了，一屁股坐下來，好大口氣：「來杯咖啡。」

咦？我手上拿的是咖啡杯，還是酒瓶？K下去，或是灌醉我吧！

深吸一口氣：

我挑的。

我選的。

我訂做的。

就像所有訂做商品一樣，宇宙有註明：貨物既出、概不退換。

婆婆與我的洞房花燭夜

一個終於搞昏兩個小孩，累到癱軟的夜晚。

我偷偷摸摸爬起來，心曠神怡地癱坐在沙發上，大吁一口氣。

萬籟俱寂，這是一日當中完全屬於自己的片刻，捨不得睡，不甘心把時間奉送給周公（你算哪根蔥？），我貪戀著每個媽媽都期待的「午夜媽咪之美好時光」。

轉著電視遙控器，畫面上出現重播多次的《後宮甄嬛傳》，甄嬛正準備與萬歲爺洞房花燭夜，嬌羞抹上甄嬛的臉，說不出的怦然。

婚後，迅速生孩子，新婚的悠閒甜蜜猛然被尿布炸彈炸得蕩然無存。我怔然地望著電視機，我幾乎快要忘記，曾經，我也是那個嬌羞的新娘，只是帶我洞房花燭夜的，是婆婆。

∴

當初兩個人一時興起跑去登記結婚，登記完當天，我們依然各自回家，除了身分證配偶欄多了一個人名，生活上沒有任何改變。

某天，鬍子哥混身不對勁搔著頭：「欸，好像哪裡怪怪的……」

「哪裡怪怪？」我順著他的問題接口。

「我沒有結婚的感覺。」他苦著臉。

「結婚要有什麼感覺啊？」

「我也不知道結婚『應該』有什麼感覺……嗯……只是這幾天我出門去上班，抬頭看看這個世界，感覺不太一樣，但是又好像都一樣。」鬍子哥誠實回答。

「我有同感，幾乎沒人知道我結婚了，有些朋友甚至不知道我有男朋友，我卻進度超前，突然有老公了，好像祕婚。」

「所以啊，沒有感覺。」他大失所望的樣子。

結婚應該要有些什麼改變，才叫做結婚呢？

婚姻兩個字再怎麼樣都是神聖的，嚴肅來說，是兩個人許下「一輩子的承諾」，一年是三百六十五天，一輩子是365乘以幾十倍，絕對是一段長到足以讓人思考這個承諾是慶幸或後悔的歲月。

婚姻更是兩個家庭的結合，姑姑嫂嫂公公婆婆叔叔阿姨嬸嬸……兩方人馬整裝出師，好像沒有大刀闊斧、勞師動眾一番，就沒有扎實經歷結婚這檔事。

可對我來說，戶政事務所的辦事員跟我說一句：「恭喜妳，陳太太。」鬍子哥就成了老公，我就成了老婆。

儼然是兩個昏頭的人，結合在一起。什麼都沒有，按照新潮的話語，我倆是裸婚，而且還是全裸。沒婚禮、沒婚紗、沒戒指，換個身分證，就成了婚姻新手。

我歪著頭思索，我也不知道結婚該有什麼感覺，都說婚姻是愛情的墳墓，我們依然住在自己熟悉的環境，快樂工作、甜蜜生活，沒有墓氣森森。我們都保持著單身時代的生活步調，一切如常。

兩人陷入一陣沉思。想不到我們婚後面臨的第一個問題，竟然是：給我結婚的感覺！

我端坐起來，認真問鬍子哥：「要怎麼樣才有結婚的感覺？」

鬍子哥同樣認真看著我，問：「妳明天可不可以來我家睡覺？這樣我肯定就有『把老婆娶回家』的感覺了！」

「你是說……」我掩面嬌羞：「我們要洞房花燭夜？」我用手使勁戳著鬍子哥，曖昧地嬌笑著。

怕我胡思亂想，鬍子哥擺出柳下惠的神情，澄清：「只是來睡覺，到底要不要啦？」

「要啦要啦！明天你下班就來接我，我們一起回你家睡覺。……欸，你家有地方讓我睡吧？」我十分懷疑。

「有啦有啦！我房間有床呀！」

「床上不是堆滿東西了嗎？」

婆婆大人是克勤克儉的客家人，家裡四處堆滿雜物，雜物像野草，春風吹又生，旺盛地一路蔓延到婆婆房間，然後繼續蔓延到鬍子哥房間。鬍子哥長年在外工作，不在家的時候，床鋪一樣貢獻出來擺放雜物。

對於我們的洞房花燭夜，到底有沒有主要道具：一、張、床。

其實我一點把握也沒有。

「你記得跟你媽說，明天我要去你家睡覺喔。」叮嚀完以後，覺得怪怪的，這事值得敲鑼打鼓、昭告天下嗎？

「當然，我要趕緊跟我媽說，我終於把老婆娶回家了！她有媳婦了！」鬍子哥難掩興奮神情。

這是第一次以「媳婦」的身分到鬍子哥家，我有一種醜媳婦要見婆婆的羞怯心情。

當天晚上六點，我在家吃完晚飯，自動自發先在家裡沐浴更衣，噴上淡雅的香水。

一切準備就緒，忽然接到鬍子哥電話：「老婆，我臨時被通知要開會，妳等我一下。」熱切的心情被潑了一點冷水，我不急不緩用吹風機吹乾。

沒事沒事，長夜漫漫，春夜無邊，等待是洞房花燭夜最美的醞釀。

一晃眼，我在客廳沙發上等到睡著了。

再醒來，手裡還晃著手機，抬頭一看時鐘，已經晚上十點！

趕忙撥電話給我親愛的、剛出爐的、熱騰騰的老公：「老公老公，十點了，你開會開完了沒啊？」

「還沒……」他壓低聲音。

「你不能跟你的同事說今天是你的洞房花燭夜嗎？」有些掃興。

「不行……他們還不知道我結婚了，而且是很重要的會議，對不起啦……」他用更低的聲音致歉。

好吧，不氣不氣，新娘今天不生氣。

我問：「那現在呢？」跟婆婆大人約好的洞房花燭夜，可不能失約。

「妳跟我媽聯絡，妳先去我家。」鬍子哥交代完，匆匆掛下電話。

我拿著手機，一臉茫然，然後敲敲自己的腦袋，我為什麼會有這種妄想？以為鬍子哥會深情款款牽著我的手，帶我回家？

沒辦法多想，緊接著撥電話給婆婆大人，婆婆大人儼然是等久了，劈頭就問：「薇薇啊，妳什麼時候要過來睡覺啊？」

「我馬上到！」

面對婆婆大人的呼喚，我趕忙起立立正，抹抹臉，整裝出發。

月光下，腳踏車輪子呼嚕嚕疾速轉著。

一個女人，風塵僕僕趕赴她的洞房花燭夜……她的夫君正在遠方，同樣迫不及待與她相會，像是牛郎與織女，雙雙奔來……

經歷漫長的等待，他們相見擁抱、他們喜極而泣、他們開心得不知如何是好……

我腦中不斷冒出不切實際的粉紅畫面，浪漫持續五分鐘，戛然而止。

因為——我抵達了！

婆家與娘家一個在街頭、一個在街尾，騎腳踏車五分鐘就到了。絲毫沒有千里奔波的壯闊感，雖然千軍萬馬都在我心中奔騰。

站在門前，整整衣服，我慎重地按下門鈴。婆婆欣喜開門，迎接我進入客廳。

轉眼間，我、婆婆跟鬍子哥的姊姊坐在客廳沙發上，喝茶聊天，三人一起數落鬍子哥的不是：「真是的，開會應該要排開啊！」「對嘛！」「委屈妳啦！」

洞房花燭夜獨缺新郎，真是不該。

烏龍茶一杯接著一杯下肚。眼皮一秒比一秒沉重。

眼看時間來到午夜十二點。南瓜馬車都回家了，我的新郎還沒回來。

不光我眼皮沉重，姊姊、婆婆雙雙進入昏昏欲睡的狀態，不過她們仍舊客氣地與我茶敘。

就在姊姊終於忍不住打了一個盹，驚醒之後，她起身告退：「薇，我不陪妳等了，我明天一早還要上班。」

如今剩下婆婆大人跟我對望，空氣中有說不出的尷尬。電視裡的氣象報告已經播了好幾輪，婆婆高齡七十多，實在不忍心她陪著我耗在這兒。

我拿出氣魄，霍地起身：「我們都去睡吧！」

婆婆有些侷促，看著我堅定的眼神，她得救似的鬆了一口氣：「好啊！」

婆婆起身，邁開步伐，領著我往後面的房間前進，我親暱地跟隨她，萬萬沒想到，是婆婆大人帶我入洞房。

新郎缺席的大喜夜，如果你以為我會因為這樣而感到憋屈，那可不。

一輩子有千千萬萬的夜晚，一個夜晚的錯失，不會影響什麼。

穿過連接客廳與後房間的小走廊，婆婆像個領路人，帶我一步一步走著，好似通過這個小走廊，我就通往了婚姻殿堂。我撫著婆婆的肩，一向淡定沉穩的她，掩不住絲絲喜悅。

幽暗的走廊盡頭，婆婆率先開了燈，房間登時湧入光亮，床鋪整理得十分整潔，婆婆鋪上復古味濃厚的大紅花床單，棉被摺成整齊的四方形。床上的雜物全都不見了。

我想像她老人家張羅一下午，搬雜物、換床單、擦地板，忽然體悟，這個洞房花燭夜，最期待的人，也許是婆婆。

鬍子哥從沒打算結婚，如今天外飛來一個媳婦，她老人家喜出望外。猶記得結婚登記後，婆婆在充滿時光況味的房間，翻箱倒櫃找東西，最後捧著包裹成一團的禮物給我，她小心翼翼一層一層拆開，拿出一枚珍藏的戒指，她說，那是她結婚時候，她媽媽送給她的，如今傳承給我。因為鬍子哥原本不婚不子，這個戒指她藏到忘記在哪裡……

「棉被夠不夠？還是熱？這裡有風扇。」婆婆的聲音把我拉回，她慈藹地詢問。

我含情脈脈地望著婆婆，拉起她的手，真誠地說：「媽媽，謝謝。」

老人家害羞地點頭微笑，隨即轉身回房去。

我小心翼翼爬上床，拍拍枕頭，陽光晒過的香味撲鼻而來，婆婆疼愛的痕跡在這些無言的細節裡。心頭暖暖地蓋上棉被，疲累不堪的我很快就入睡。

不知道昏睡了多久，一陣強壓住的笑聲，哼哼呵呵從遠處傳來。

我被笑聲吵醒，睜眼一看，喔！天殺的新郎回來了！

鬍子哥用手摀著嘴，強悶著笑，整張臉悶得紅紅漲漲。

我陡然全醒，眉毛一挑，不客氣地問：「有什麼好笑？」

我的意思是：你一大新郎倌，搞到三更半夜才回來洞房，你竟然還笑得出來？你有幾張皮可以剝？

他完全沒意會到我的不滿，繼續笑，彎著腰笑，笑到幾乎要岔氣，吞吞吐吐說出：「有一個……『老婆』……出現在我床上……好奇怪……」

他的意思是：這張床上向來只出現沒用的「雜物」，從沒想過會有老婆這種「生物」。

哎，老婆這種生物，你現在才開始要認識呢！

∴

電視裡，甄嬛起身剪燭花，洞房裡燃一對花燭直到天明，夫妻就能舉案齊眉，白頭到老。

我認真凝視熟睡的鬍子哥，他是否偶爾也會懷念起洞房的夜晚？在兵荒馬亂的育兒生活裡，他還能有一絲怦然、一絲悸動嗎？如果常常回憶起當初的甜蜜，生活中的摩擦、那些悶氣、那些冷戰，會不會疾疾散去？

沒有答案。

日子像寫考卷，一題一題寫下來，無法回過頭去沾沾自喜第一題答得不錯。每一題都不一樣，這一題對了，不代表下一題會對；下一題錯了，下下一題可能又會扳回一城。

「老公，你記得我們的洞房花燭夜嗎？」我搖醒他。

「記得。」他含糊回答，隨即驚醒、防備：「……幹麼突然問這個？」婚姻生活教會他，老婆輕拋出的一個問號，絕對不是表面看起來那麼單純，背後往往隱藏著更多的問號，或陰謀。

「沒幹麼，只是忽然懷念起那個晚上……」我眼睛一瞅，「倒是……你幹麼這麼緊張？」

「沒緊張啊，妳突然問這種莫名其妙的問題，有點被嚇到……」

我露出魅惑的眼神，偎過去，捏捏他的臉，雙手攬在他脖子上，撒嬌地說：「其實我只是想知道，當時你心裡到底是怎麼想的？」

「我不能說！」他試圖掰開我纏繞在他脖子上的手，「好了好了，妳別掛在這兒……」

「你說嘛！那天晚上我來不及問你啊。」

「什麼『那天晚上』，那是快十年前了，妳別講得跟昨天一樣。」

我纏得更緊：「欸，那天晚上，你終於娶了一個老婆回家，一進門，床上放的不是雜物，而是你親愛的老婆，你應該很感動才對啊，告訴我嘛！你在想什麼？」

「糟了！」

「糟了？」

「這下真的被拐了！」他終於掰開了我的手，大吐一口氣：「是妳自己逼我說的喔！」

「你！」我雙腳一蹬，氣竭，他逃之夭夭。

他被拐了，我還覺得我被騙了。

婚姻就是一場偷拐搶騙，偷一些真心，拐一點誓言，搶一些時間，騙幾滴淚水，然後結夥搞些柴米油鹽的勾當，唏哩呼嚕生幾個孩子，永遠分贓不均、糾纏不清。

好吧，如果不想讓自己心痛，就不要跟一個大男人討論悸動。

關於洞房花燭夜，我應該去問帶我入洞房的婆婆，她有沒有悸動……

我的婆婆怎麼那麼可愛

東方世界裡，婆婆這個角色在婚姻中絕對不容小覷。婆婆是婚姻附送的贈品，拆開來才知道是甜你入心的巧克力，還是難以下嚥的苦茶糖。

當我隱約感覺到鬍子哥極有可能是我「擋都擋不住的緣分」時，我同時開始好奇，這套婚姻劇本中，未來婆婆的人設如何？討喜嗎？難搞嗎？要是我跟鬍子哥已經情投意合，但是跟婆婆磁場不合，該怎麼辦？

至今都能清楚回憶，和婆婆的初見面。那時鬍子哥在上海工作，他找了一個理由派我去他家中取文件，順理成章讓我跟婆婆見面。

婆婆家是靠近捷運站的舊公寓二樓。下午三點，我準時到，開門迎接我的是爽朗的聲音：「要不要進來喝杯茶？」

「好哇！」我可期待了。

一進入婆婆家，印入眼簾是五〇年代的電視劇場景。時間應該就停駐在那個年代，地板是快要消失的古早味拼花木地板，斑駁的黑色皮沙發，長方形低矮的木茶几，上面有歲月的刮痕。整疊累積多時的泛黃舊報紙從沙發旁堆積到茶几上。一張中式大圓桌擺在餐廳，天花板上的吊扇燈嘎啦嘎啦響，目測大約是遲暮之年。

公公帥氣的遺照放在邊桌醒目的位置上，詼諧喜感地對我笑著。數不清的雜物，堆放在四處，讓老房子充滿熱鬧的氣氛。

我望著這個家渾然天成的凌亂感，倍感親切，深深鬆了一口氣，我內心暗暗下的結論是：這個婆婆一定很好相處！

∴

婆媳問題是千古難解的題。唐婉就是鬥不過厲害的婆婆，最後不得不跟陸游分開，搞得才貌雙全、鶼鰈情深的兩人各自婚嫁、抑鬱而終。〈釵頭鳳〉再美，也是錯！錯！錯！的一生。

近年媳婦的逆襲聲勢浩大，獨立自主的女人多了，小媳婦的委屈似乎得到平反。婆媳關係中的關鍵角色是男人，男人很難在婆媳關係中倖存，老媽他不敢管，老婆他管不了，笨一點的裝聾作啞保平安，機伶一點的見風轉舵求生機。

我問鬍子哥：「如果你媽不喜歡我，你還會娶我嗎？」

鬍子哥演得可靈活了，拍胸脯保證：「當然！妳嫁的是我，又不是我媽！」

我不死心追問：「那如果我跟你媽有很多衝突，一大堆婆媳問題怎麼辦？」

「如果是妳問我，我當然是站在妳這邊！」

這話裡有玄機，我保持懷疑繼續問：「那如果是你媽問你呢？」

「我二話不說就休妻！」

瞧他這副巧言令色的樣子，該狗腿的時候狗腿，該撒糖的時候撒糖，肯定在婆媳關係中如魚得水。

∴

婆婆是印尼華僑，師範大學畢業後當過短暫的老師，之後嫁給公公，做了一輩子廚娘。婆婆是勤儉惜物的優良傳統婦女，在她屋裡，多的是捨不得丟掉的東西，包括壞掉很久的洗衣機（所以家裡有兩台洗衣機）、用了四十年（以上）的炒菜鍋、蛋糕的保麗龍盒子、破掉還要縫起來的抹布等等，吃飯的筷子高矮不一不成對，給她買了新的，她還是會把新的筷子收起來，繼續用舊的。

已經變成現代傳說的溫良恭儉讓，在婆婆身上展現得淋漓盡致，洗衣燒飯甘之如飴。剛結婚那幾個月，鬍子哥把髒衣服都放進布袋，一周一次扛回去給婆婆洗，婆婆洗好晒好，摺得整整齊齊再讓鬍子哥拿回來。

要是晚了幾天送回去，婆婆電話就來了：「薇薇啊！那個髒衣服，要拿回來洗。」婆婆洗了一輩子的衣服，我一點也不想改變她習以為常的生活，倒是我老媽在我耳邊不斷叨念：「都結婚了，妳好歹幫老公洗衣服吧！」

搞得我只好屢屢上演跟鬍子哥搶髒衣服的戲碼。

「拜託，你就把這個留給我吧！對我來說真的很重要！」我抓著不放，苦苦哀求。

「不行！」他斷然拒絕：「這一定要留給我媽，不能留給妳！」

不明白的人聽了這對話，以為我們在搶金條吧。

婆婆的情緒穩定，溫和無爭，非常喜歡獨處，平常日在姊姊家度過一周，周末一定要回到老宅補充「獨處能量」。不驚不乍，不喜不哀。「淡定」兩個字就是為婆婆量身打造的關鍵字。

婆婆不喜歡社交，生活中只要有電視機就好，堪稱最資深的電視兒童。婆婆的生活簡單，帶孩子的方式也很單純。她把碎肉、蘿蔔、青菜全部加進去，最後滑個蛋，就是營養豐富的粥。

「你跟姊姊小時候就是吃這種粥喔？」我問鬍子哥。

「對啊！」

「要是你們挑食不吃呢？」

「沒得挑啊！下一餐還是這個粥，熱一熱繼續吃。」鬍子哥回答。

看見我每天為了小孩吃什麼絞盡腦汁、花樣百出，婆婆搖搖頭：「不用搞那麼複雜。」

「他們都不吃，會營養不良耶。」我憂心。

「想太多了啦！」婆婆大手一揮。

有次外甥不知犯了什麼錯，姊夫在一旁訓斥小孩，一開講就是一小時。我當時頗為忐忑，不知道該如何是好。

只見婆婆泡了一杯茶，不插手、不干涉，眉毛都不挑一下，悠然在沙發上坐下，轉開她的電視機，你罵你的娃，我看我的戲，世界和平。

「媽媽，妳以前有沒有跟公公吵過架啊？」我好奇。

「有什麼好吵？」

「難道妳老公都沒有惹妳生氣嗎？」我老公的老爸有這麼上道？

「當然有啊！」

「妳難道不會越想越生氣嗎？」

「想了會生氣就不要想啊！」婆婆奇怪地看著我，好像我問了一個蠢問題，我、我真是道行太低了。

∴

如果我的婆婆是屬於「想很少」的婆婆。

老媽就是另一款婆婆，屬於「想太多」。

老哥在我結婚後不久，也有了老婆。於是我有了嫂嫂，老媽有了媳婦。嫂嫂從四川嫁來，跟老媽分住樓上、樓下。

婆媳是一種奇妙的關係，好像交換女兒去和另一個媽媽互相照顧。我取代婆婆的女兒照顧婆婆。嫂嫂取代了我，就近照顧老媽。

嫂嫂是勤奮的四川姑娘，一雙瞳鈴大眼，笑起來楚楚動人，廚藝極好，端出來的都是功夫菜，水煮魚、梅干扣肉、燉桃膠。四川人嗜辣，嫂嫂說「這一點都不辣啊」的那些菜，我一邊吃一邊猛灌開水掉眼淚。

老媽當了婆婆，不知不覺開始有了「當婆婆的期待」。

最初老媽常叨念著：「就住樓上樓下，她每天下班回來也不進來看看我。」

「哎喲，這什麼年代了，妳還指望媳婦每天進宮給娘娘請安啊？照妳這標準，我真是不良媳婦，我都沒有去跟我婆婆請安耶。上次看到婆婆什麼時候？大約兩個月前了啊！」

但是我也不敢鼓吹老媽直接上樓去看嫂嫂，畢竟婆婆無預警闖進門，也會造成困擾，這種橋段在戲劇中出現，迅速就會累積廣大媳婦的同仇敵慨。

後來，老媽用行動表明關心，常常煮飯給嫂嫂吃，但是嫂嫂無法每喚必到。老媽嘀咕：「我就是看她這麼忙，怕她沒時間煮，才煮給她吃，她還要來不來。」

「嫂嫂有請妳煮嗎？」

「沒有。」

「那妳就別煮嘛！」

「我是為她好耶！」老媽叫屈。

想太多的婆婆常常用「我是為你好」的熱情，惹得自己傷心，別人負擔。一方急著付出，也得另一方能感應。

「嫂嫂，其實媽媽也是擔心妳餓……」我只好在中間緩頰。

「我沒說我會回去吃啊，她煮了我不吃她又不高興。」

嫂嫂雖嗆，但講得也不無道理，這話語還似曾相識。

小妞不只一次跟我抱怨：「我就跟阿嬤說我吃不下了，阿嬤還是一直塞給我。」

有一種冷，是阿嬤覺得你很冷。有一種餓，是婆婆覺得你很餓。

家人間的供需，從來無法有清楚界線，尤其跟阿嬤或婆婆，無法「有理」。不過，家本來就不是講理的地方，是講愛的地方。

∴

婚後第九年，重新裝潢，迎接八十多歲的婆婆回來住。配置上最重要的是安裝專屬電視機，滿足資深電視兒童的高需求。

有婆婆在，家裡熱鬧起來，充滿老人跟小孩吵吵鬧鬧的聲音，小孩不見了，就去婆婆房間抓。

「媽媽來囉！」婆婆一呼。

「人呢？」我問。

婆婆給我擠眉弄眼，原來小孩全躲在床底下。

白天午後，婆婆喜歡一邊洗菜，一邊聽收音機，飄出的歌曲讓人有歲月恍惚之感。白光的〈如果沒有你〉、周璇〈夜上海〉，到潘安邦的〈外婆澎湖灣〉、齊豫的〈橄欖樹〉、金佩姍的〈一代女皇〉。那些我小時候聽的歌，現在跟著婆婆重新複習。

最棒的是，有人可以告狀。如果跟老媽告鬍子哥的狀，除了發洩，沒半點實際效用，但是跟婆婆告鬍子哥的狀……

「媽媽，妳去跟妳兒子講，他咳嗽這麼嚴重，還吃冰！」、「媽媽，妳看他，什麼年紀了還這樣喝酒……」、「媽媽，妳提醒他啦！該吃的藥要吃。」

婆婆來了以後，我管我的小孩，她管她的小孩，婆媳各司其職，創造美好生活。恍然體悟，婆婆不但是婚姻的贈品，更是婚姻的保險絲，斷了就不來電，沒斷就來電。有了保險絲，家中一片光明，生氣蓬勃。

結婚第十年，鬍子哥有天忽然問我：「為什麼妳第一次到我家，就覺得我媽好相處？」

「因為呀……」我掩嘴賊笑，「你家很亂啊！」

「這是什麼道理？」

「你想啊，如果我走進你家，看見窗明几淨，桌上插一盆鮮花，餐盤上面還放了有印花的餐巾紙，那我真的會嚇暈，這表示未來婆婆對生活十分講究、十分要求，豈不太折騰我了？」

鬍子哥點點頭，表示明白，然後無限遺憾地嘆了一口氣：「可憐了我未來的媳婦。」

「什麼意思？」

鬍子哥望向我精心佈置、一塵不染的客廳說：「將來她走進我們家，就會發現，我們家窗明几淨，桌上插一盆鮮花，餐盤上面還放了有印花的餐巾紙……」

如果一粒沙掉進眼裡

「我死黨在招，我們幾個要去國外旅行七天。」鬍子哥傳來訊息。死黨一共七個，號稱七匹狼。

「你是說你要跟死黨去國外旅行？」我不敢相信自己看到的句子，一時間愣住了，重複著他的話語。

他回：「是。」這下我血壓直奔兩百。

我的手幾乎在發抖，輸入：「你說的是七天嗎？」我想確認他沒寫錯。

螢幕跳出：「對，七天。」

那個「七」非常礙眼，我這頭停滯半晌，隨即心有不甘地問：「你要一個人去？」

「幾個死黨一起呀！我們以前單身的時候，每年都會一起去旅行。」這男人根本沒搞清楚我想問什麼。

「那我呢？」我只好進一步含蓄提點他。

「妳在家啊。」

「那小子呢？」

「跟妳在家啊。」好理所當然的一句話，帶個老婆礙手礙腳，帶個孩子更加綁手綁腳。我按捺著心中的波濤洶湧，如果他有千里眼看見我的臉，就會發現青筋漸漸爆起。遺憾的是，鬍子哥儼然沒察覺到這頭沉默數秒鐘有何異狀，再補了一句：「不過，他們都說我妻管嚴，結婚以後就沒自由了，一定去不了。」

當時，小子一歲半，我肚子裡懷著小妞大約四個月，那陣子正在進行《暖活——愛得還不錯的那些故事》新書宣傳。一大早出門準備去中廣上節目，剛走出門就收到訊息，只覺得心涼了一半。

鬍子哥工作上海台北兩邊飛，我獨自帶小子生活、趕劇本、出版新書、跑宣傳，懷孕的賀爾蒙錯亂，加上滿腹委屈，我一邊走，眼淚一邊不爭氣地大把大把落下。

登記結婚的時候，叔叔傳了一句祝福：「設身處地為對方，幸福快樂一輩子。」只有短短十四個字，但要落實在婚姻中，實在不容易，不，簡直太難了！如果這麼輕易能夠為對方著想，世界上就沒有怨偶了。

婚姻中攢得的失望比希望多，怨懟比讚美多，坐在捷運上，顧不得旁人的眼光，我低泣著，如果不是還有一點理智，我幾乎想要打電話給鬍子哥直接潑婦罵街。但我沒有，我是讀書人，擁有一點文藝氣質，還擁有堅忍優雅的品格。

可是我的手背叛了我的自我期許，點開通訊軟體，雙手開始忿忿不平輸入訊息：

「結婚以後，我們連蜜月旅行都沒有。因為你熱愛工作，我們最長的旅行只有四天。如果你可以有七天假，你難道不想帶我去蜜月旅行嗎？我肚子裡還有喜妞，你忍心丟我一個人大肚子帶兒子？我覺得你根本沒做好結婚進入家庭的準備……」

鬍子哥向來是不婚不子，他說，怕結婚以後會失去自由。

我懂，我也是拎起包包就能往世界盡頭奔去的天涯飄浪女。

結婚之初，天真地以為，兩個自由的人，不會因為婚姻而失去自由，我願意捍衛彼此的自由，尊重我們是獨立的兩個靈魂。

但是孩子出生以後我才發現，失去自由的怎麼會是他？

照常上班、出差、加班、跟死黨聚會、旅行。

失去自由的明明是我啊！

我困在餵奶、換尿布、副食品、睡不飽、嬰兒啼哭、帶小孩看醫生、餵藥、社交隔絕、靈魂停滯；困在應付日常中每個瑣碎、零散，令人厭煩的細節。

自由是什麼呢？

法國詩人保爾．艾呂雅寫著：「由於一個字的力量，我重新開始生活，我活在世上是為了認識你，為了叫你的名字——自由。」

保爾．艾呂雅啊，你神話了自由，而我高攀不起。

自由是從身到心的了無罣礙，但是凡塵俗子，有牽有掛，自由是育兒階段難以企及的奢望。

怔忡在捷運車廂裡，思緒紛亂，周遭的乘客，有人發呆有人滑手機有人在聊天。車上的人啊，你們都是自由的嗎？還是被困在某個動彈不得的時刻？到站以後，你們要往哪裡去？那裡是有光的地方嗎？

有段日子，婆婆願意一周幫忙看顧小孩一個下午。中午十二點整把小子推到婆婆家。然後在樓下的鵝肉攤，點一盤鵝肉、一盤青菜、一碗湯麵。神情疲勞但是喜悅地享受我的鵝肉麵時光。

不可諱言的，吸吮著湯麵的時候，我會憶起，有一年在青海果洛，黃沙漫天的小鎮，在街邊吃一碗道地的蘭州拉麵。有一年在墨西哥，狂歡的市中心，吃到了口味奇異難忘的mole。有一年，在匈牙利，濕冷的夜晚喝到一碗香醇的匈牙利牛肉湯。

那些心馳神往，都是上個世紀的事了。

新疆作家蘇美寫了一本書《文藝女青年這種病，生個孩子就好了》，她在新手媽媽時期常在清晨五點趁著兒子熟睡去吃牛肉麵。她寫著：「一個女人就這此結束了恣意而為的小散文時代，帶著孩子進入了漫長、持久而堅韌的大史詩時代。」

那麼男人呢？

生孩子之於男人，到底意義是什麼？

下了捷運，轉計程車。中廣到了。

我擦乾眼淚，帶著紅腫的眼睛進入錄音間。

主持人望著我，關心詢問：「薇薇老師，妳還好嗎？怎麼……眼眶紅紅的？」

我愣了一會，深吸口氣，微笑回答：「剛剛外面風大，好像有一粒沙子掉進了我的眼睛裡……」

訪談結束，找了一間漂亮的咖啡廳，細緻的蛋糕一口氣點兩塊，準備好好療癒自己。我又拿出手機，看著手機裡那篇情緒性的發言，我斟酌著語言的殺傷力，猶豫著要不要把訊息發出去。

指責是最差的溝通，但不宣洩，會得內傷。

可我要的是「有效的溝通」，還是「情緒的宣洩」？

吃完高糖分、高脂肪、高熱量的蛋糕，傷口復元率百分百。

伸展了一下肢體，決定把那段文字一一刪除。

如今冷靜、聰慧、智商在線的我重出江湖，我不急不緩打了一段文字（請搭配溫柔歡愉上揚的語氣朗誦）：

「親愛的老公：

知道你有機會跟死黨去旅行，我覺得很棒。

在這個年紀還能保有青春時的友誼，要格外珍惜。

趁著喜妞還沒出生，你好好去玩吧！不然孩子出生後，你也很難脫身。

我會繼續期待屬於我們兩個人七天的旅行。」

一個下午能從潑婦迅速淬鍊成一位懂事得體的大家閨秀，我對自己無比崇拜。蛋糕這帖良藥，多少是有點幫助的。

後來，孩子漸漸長大，會自己如廁、吃飯，開始上學。奶味屎味遠離了我，自由的香氛飄來，困住的黑夜漸漸有了曙光。

想起了蘇美寫的：「那些指望通過孩子改變自己的女人們，狂心早歇吧。那些恐懼孩子會改變自己的女人們，也不必煽情太過戲碼太重。」孩子不是我的，孩子開始他的生命劇本，而這裡面我的戲分不多，只會越來越少。

倒是鬍子哥，經過了幾年家庭生活的洗禮，從玩心很重的大男孩，開始有一家之主的模樣。這同時意味著他的成熟，與老化。

經歷了幾場喪禮，深感人生無常，我分外把握那些還在的朋友。七匹狼又揪團要去沖繩玩，這次，我是真心真意希望他們成團，不斷鼓催鬍子哥積極聯繫。

這個年紀了，還能保有青春時的友誼，要格外珍惜。

但是，也因為這個年紀了，上有老、下有小，最後七匹狼湊不到一半。

可我已經學會，如果有一粒沙掉進眼裡，最快解決的辦法是什麼呢？

自己拿出來。

於是——

某個寒流的清晨，為了去竹科演講，我四點起床，準備早餐、梳妝打扮，五點五十叫好計程車要去搭高鐵。

剛穿好鞋，鬍子哥睡眼惺忪從房間走出來，我交代他：「饅頭跟豆漿都放進電鍋裡蒸了。豆漿還沒加糖你自己加。」

「糖在哪裡？」他幽幽問。

「就在流理台上啊！」我不可思議。

他走到流理台前面拿起一罐：「是這個嗎？」

「那個是鹽巴。」

「那糖在哪裡？」我忍住想「把蕊」的衝動，和顏悅色：「流理台上就只有兩罐，你可以看一下嗎？」

「妳煎個荷包蛋再走……」不要問我翻白眼翻到哪裡去，我不想回答。

隔天，另一場竹科演講。

我同樣四點起床，把饅頭豆漿都放進電鍋裡蒸。

這一次，進階版，順道把荷包蛋也煎好了。

人生的心平氣和自己找，別讓老公有機會惹怒自己，傷了格調。

說什麼「如果沙掉進眼裡要自己拿出來」？那境界可差了。

我現在啊，根本不讓任何一粒沙，有掉進眼裡的機會。

家事是婚姻的隱形殺手

搭計程車要去接小孩，司機很健談，聊到了家事，我隨口問一句：「你們家家事是誰在做？」

司機先生想都沒想就回答我：「我對家事沒有要求。」

要、求？

令人感冒的字眼。瞬間，我回到新婚頭幾年的現場，我一早起來做早餐，吃完後，我去梳洗換衣服，鬍子哥不悅地質問：「妳怎麼還不收桌子？」

「我換完衣服就會收。」

「吃完早餐就應該要馬上收。」

我們倆對於何時清理桌子，有時間上的差異。當時我默默遵守著他的「要求」，清醒後才發現心中不平，收桌子，怎麼是我一個人的事？

做家事，是「我尊重」、「我願意」，而不是「我應該」。

如果一方對另一方可以要求，似乎意味著權力的不均等。一整個家的事，誰管？誰做？「要求」兩字似乎下意識認為「家事是太太的事，先生在一旁打分數」。

家事何其多，沒結婚、沒生孩子之前，無法有切身之痛。以我們家來說，每隔一兩天就要洗一次衣服，兩個皮小孩有時候一天就要換兩套，充滿臭汗味的衣服也不能擱著隔天才洗。

偏偏，洗衣服不是三個字這麼簡單，拆解下來它是「多重複合動作」。包含了洗衣服、晒衣服、收衣服、摺衣服、收衣服等等動作。

單抽出任何其中一個元素也是複合動作。

洗衣服，要把女兒兩件一起脫，黏在一起的衣服分開，或是把兒子T恤的袖子拉出來，不是團在裡面。有些衣服要放洗衣袋，絲質衣物要另外手洗。洗床單被套，得花力氣拆、晒、裝。

晒衣服也是，襪子要兩兩對好，衣服要翻面，針織衫不能直接用衣架，不然肩膀的地方會凸起變形。

一位人妻（好比我）有多忙，除了洗晒衣服，還要掃地、擦地，買菜、洗菜、做飯、洗碗、倒廚餘、換被套、換燈泡、刷馬桶、擦玻璃、洗陽台、做資源回收……（已經跳過泡奶、消毒奶瓶、清洗玩具等海量崩潰時期）。

家事要「做完」不難，但要「做好」需要有極大的耐性。不管我們願不願意，這個社會已經把「家事」跟「妻子」、「媽媽」畫上了等號。

如果在路上看到一個小孩鞋子破洞、披頭散髮、衣服骯髒，臉上有鼻屎、嘴角有果醬，我下意識的反應就是：「他媽媽在幹麼？」應該也很少有人會想到：「他爸爸在幹麼？」

數據顯示，雙薪家庭的職業婦女，每天做家事的時間是老公的二．七倍。也就是，老公如果一天花了一小時做家事，老婆就花了兩小時又四十二分鐘。老公如果一星期做家事七小時，老婆就是十八個小時又五十四分鐘。

這十八小時又五十四分鐘不是咬緊牙撐一下就可以完成的。它被打散在每日每夜的生活裡，於是人妻感覺時時刻刻都在做家事……

職業婦女，白天要工作，晚上回家還有一堆家務，假日也不得閒，家事像個背後靈，揮不去、拋不掉，緊緊相隨，天啊，這什麼人生啊！女人又不是因為家事而誕生的！

家事看起來都不是「大事」。要因為這種小事計較誰做得多、誰做得少，顯得自己小裡小氣。但是小事累積起來就成多事，久了難免不平，人妻心酸：「家是大家的，怎麼家事都是我在做？」一天兩天、一年兩年，累積個十年，是什麼光景？

家事是婚姻的隱形殺手，無聲無息、一點一滴，勒緊婚姻，呼吸困難。

家事造成的婚姻衝突，似乎放諸四海皆準。

美國作家珍西．唐恩寫了一本書，叫做《我如何忍住不踹孩子的爸》，文中敘述她跟先生感情深厚，但是從孩子出生以後，大小衝突不斷。像是當老公說：「我當然有看到門口的垃圾啦，因為我出門的時候踩到了！」就讓老婆翻白眼翻到後腦杓。在大多數家庭裡，父親扮演「好玩的」角色，所以爸爸帶孩子去公園踢足球，媽媽清潔杯盤、清洗衣物、做飯。然後孩子回來會說：「我們和爸爸在公園玩得超開心的，他好讚喔！」

還有段文字極其諷刺：母親整個假期都在望著大海做家務。該母親表示：「我真愛一邊刷浴室，一邊望向窗外，看著潮起潮落。我們每年都該這樣度假。」

書中花了一整個章節，闡述「分配家事這場戰役」，研究顯示，當男性公平分擔家務責任時，他們的妻子會比較快樂、不容易有憂鬱問題、比較少爭吵、離婚率也比較低。家事分配碰觸到許多重大的議題：性別角色、尊重、平等、價值觀、親密關係等等。

我曾在網路上見過一位老婆發言，當她抱怨家事做不完，老公回她：「妳不要急，慢慢做，沒人跟妳搶……」

經過十年的觀察，我體悟到，縱然老公有心幫忙，很多時候礙於時間，就是無法做更多。還有一個不爭的事實：普天下老公的家事能力不足，因為從腦部天生構造就已經注定男人無法一心多用。女人可以同時處理十件瑣碎的事，男人直接當機。

裝潢房子的時候，我毫不猶豫購入洗碗機，後來又迎接新家人「石頭」進門（掃地機器人）。石頭每天發出蠟筆小新的聲音：「齁齁齁，開始清掃囉！」瞬間我覺得自己被深深寵愛著。

在這個家裡，小孩叫不動，老公永遠說等一下，只有石頭忠心耿耿stand by，它一秒就行動，從不會推三阻四，我每天灌它迷湯：「石頭啊！媽媽好愛你喔！」

然而，有各種小幫手在家，家事的煩惱就煙消雲散嗎？

當然不是。

殺手總是默默潛伏在四處，在不經意的時候出手，殺得人措手不及……

結婚第十年新冠病毒肆虐，全家關一起，兩個小孩每天添亂，網課亂糟糟，樂高撒滿地，一日三餐加宵夜幾乎搞瘋我。我掙扎在縫隙時間寫稿工作，昏天暗地。

那天，是我厭世到最高點的時候，我正揮汗在後陽台洗衣服，一抬頭，整個瞳孔放大，因為我望見鬍子哥悠哉地在喝咖啡、滑手機，那畫面真美……美得真刺眼。我掩面而過，不敢逼視。

「石頭，去掃地。」我吩咐。

「請清理集塵盒。」石頭冷冷回我。

今兒是怎麼了？連石頭都叫不動了？

我走到鬍子哥面前，戳戳他：「欸，你去清石頭的集塵盒。」

鬍子哥平常就愛逗我，大概看我這陣子怨念很深，他就更想逗我了。

「我、不、要！」他簡潔回答。

我隱忍著怒火：「一個早上能做的事情我都做完了，只請你清一個集塵盒，你為什麼不要？」

「其他妳叫我做什麼事情我都做，但我就是不要清集塵盒！」

「其他事情我都做完了，你沒事可以做了，所以現在你要去清集塵盒。」我堅持。

「我就是不、想、要！」他不知死活強調。

這是壓垮駱駝的最後一根稻草，下一秒，我失控炸哭出來：「我又不是做了什麼過分的要求，石頭買來到現在都是我在清洗，我只請你幫忙一次，有那麼難嗎？」

一旦開始哭，就沒完沒了，婚後多年對家事的不滿委屈一次爆發：「你就是嫌髒，所以你不肯清，為什麼所有髒的、臭的都要我清？馬桶我刷、廚餘我倒、尿床我洗……」

這就是赤裸裸的婚姻現場，沒有粉紅泡泡，只有鮮血淋淋。

結婚十年，竟然還會因為家事起衝突，隱形殺手它不會因為婚姻的年分漸大而漸消失，很多時候，它在蓄積更大的爆發力道。

失去理智的嫌妻，溝通模式完全朝最糟糕的地方去，用詞盡是這種「都是」、「總是」最偏頗負面的詞彙：「都是我在清、什麼都是我在做……」

我一邊哭，一邊清集塵盒，一邊更加委屈，為什麼這個時候了我還要清理集塵盒？這可惡的責任感！一怒之下，我把集塵盒摔在地上，負氣跑出家門。

對！就是離、家、出、走！

走到清冷的大街，因為疫情，店家泰半都是關門，走到星巴克，想喝杯熱拿鐵冷靜一下，但是星巴克不准內用。再轉到7-11，同樣取消座位。

我茫然站在街口，天下之大（其實只有木柵路），竟沒有我容身之處……

一個小時之後。

家中同一個場景。

婆婆、老媽、叔叔買了午餐過來，一家人和樂融融用餐，餐桌上燈光柔和、花香瀰漫，絲毫嗅不出方才的血腥味。

腥風血雨能瞬間風和日麗，這是結婚十年的功力。

我跟閨密述說這件荒唐事：「回家之後，我看見鬍子哥把集塵盒洗了，然後兩個小孩把客廳整理乾淨了。」

閨密嘆道：「妳老公算不錯了，如果是我老公，回家以後那個集塵盒肯定還在原地。我哩，只有擦乾眼淚，默默清理。」原來一個集塵盒還能辨別出老公高下？

那次之後，現在只要客廳亂七八糟，我臉色一垮，小子就會緊張跑來：「媽媽，妳放心，我們會收，真的，我們會收啦！」

套日劇名言，「逃避雖然可恥，但是有用」。媽媽斷線雖然可恥，但是有用。此風不可長。家事是婚姻的隱形殺手，我確信無誤。

人生沒有絕境，訓練自己的老公有婚姻風險，訓練別人未來的老公希望無窮。我望向小子，眼睛一亮，摩拳擦掌，好小子，你就給我好好學，學洗碗洗衣，學做早餐刷馬桶，媽媽我都是為你好。（情緒勒索上身……）

我想，未來媳婦會感謝我，絕對不會寫媳婦的辭職信。

PART · 2

成為媽媽以後

兩條線

如果他一直沒出現。

如果三十六歲還是一個人，四十六歲還是一個人，五十六歲還是一個人……

那我下定決心，要一個人好好過。

要旅行，一個人，去沒去過的地方探險，很遠、很遠的地方。

要重回墨西哥，去找一間民宿，住三個月，學西班牙文。

把頭髮留長，及腰的那種長度，燙成卷卷的，像波希米亞人。

馬上打包，去非洲學打鼓，刻不容緩。

要快樂，沒有人可以影響我要的快樂。遇見或不遇見誰，我都值得幸福的。

以上那些，都是我曾經有過的念頭，可是那些在婦產科醫生面前都不算數。因為嚴重的子宮肌腺症，醫生慎重警告：「妳很難懷孕。現在最重要的就是趕快生。」

「可是我沒結婚，怎麼生？」

「都三十五了，沒結婚也沒關係，趕緊先生一個孩子。」

我十分奇異地望著醫生，醫生說這話的神態如此自然，毫無扭捏，好似這是昭然若揭、理所當然的處方。

也許以一個婦產科醫生的角度，子宮應該要善盡生育的功能，孕育出新生命，我身體有某個地方不符合期待，不符合生物學的期待，也不符合社會的期待。

沒結婚當然可以先生孩子。

但我不想要生孩子是因為「子宮太差，我快不能生了」，也不想是因為「年紀到了，再晚就不能生了」。

這世界上有些事情很困難，但，是可以努力的，像學會深海潛水、征服百岳，或是高樓走鋼索。（何苦？）

有些事情很困難，但是不知道該如何努力起，像醫生催我趕快生……

醫生說：「妳懷孕，子宮肌腺症就會得到舒緩。」

我更不可能為了要舒緩子宮肌腺症，就貿然生一個孩子啊。

好像為了有米吃，去買一塊田來種……

∴

求婚完的某天，我們起了第一次衝突。

鬍子哥嚴肅地說：「妳知道，我是不婚不子的……」

「所以？」

「我跟妳求婚了，我一定會娶妳。」

「所以？」

「但是我不要小孩。」

不要小孩？

婦產科醫生叮嚀我不用結婚，先懷孩子。

沒想到我現在要結婚了，然後又不能生孩子。

我困惑地望著鬍子哥。

急忙回去翻開宇宙清單，我明明有寫：「愛家。愛小孩。」

啊，糟了一個糕！愛小孩，不等於愛「生」小孩。

漏了一個字。

單身時候，我曾經同時兼三種身分，白天在報社當編輯，附庸風雅聊文學。晚上在研究所上課，焦頭爛額寫論文。假日搖身一變，陪老媽在菜市場擺地攤，吆喝著三百九、三百九，好啦，三百五一件要不要？

其他時間還要寫專欄、寫劇本，有時候去演講。

我很拚，我驕傲這世界上沒有什麼我辦不到的事，除非生孩子。

因為生孩子需要一個男人。

但沒想到我遇到一個男人，他跟我說他不要孩子。

這太荒謬了。並不是我一定要孩子，也不是我多渴望有個孩子。

我高齡我子宮差我身體虛，我知道，我願意順其自然，如果老天不給我，我坦然接受生命的各種樣貌。

但是我不喜歡有人先說不行、不准、不要、此路不通。

我討厭被禁止的感覺。

生命應該是探索、是嘗試、是打開雙眼新鮮的發現，是飛翔、是奔馳，是熱情的迎向。

更何況，「我經痛了二十多年，子宮是我的，為什麼是你來決定我能不能生？」蜷曲顫抖、血崩癱軟、針灸服藥，我與子宮浴血搏命，同苦共難，最後竟沒有主控權？我想不想生孩子、要不要生孩子，都該是我的自由意志，不是因為婆婆媽媽要我生、不是社會壓力要我生、不是年齡到了催著我生。

當然，如果我不生，也絕對不是因為有人告訴我，我不准生。

奇怪的是，鬍子哥非常愛小孩，一個愛孩子的人，為什麼不要孩子？

後來，我才知道，原來他的顧慮是，因為我年紀大、身體不好，怕生產有什麼不測……他沒說出口的其實是：「我娶妳，是要跟妳走下半輩子，不是要妳來生孩子的。」

我們很有默契，有段日子，不再提及生孩子的話題。

當時我壓根沒有認真思考，生一個孩子，意味著什麼？而我，有能力跟智慧去承擔另一個生命嗎？

∴

但我懷孕了。

發現懷孕的前兩周，鬍子哥忽然問我：「妳準備好要有寶寶了嗎？」

我愣怔地望著他，反問：「你準備好了嗎？」

「好像還沒有過夠兩人時光。」他坦白說。

我遲疑了一會，問：「你覺得什麼時間點好？」

「一年、兩年後吧！」他抓抓頭，也不是很確定。

沒有。沒有一年、兩年的兩人世界。

三月登記結婚，六月底我看到了兩條線。

那是早上七點多，我傻傻拿著驗孕棒，坐在客廳。

窗外陽光很美，天空裡有雲、山林裡有風。

我肚子裡有寶寶了嗎？

當時鬍子哥正愜意地跟七匹狼死黨在台東海邊度假旅行。

「天氣好嗎？」我傳訊給他。我溫馨問候一聲，帶著許多欲言又止，難以想像我在這裡經歷人生重要關鍵時刻，而罪魁禍首在遠方逍遙地航向大海。

他回我一張照片，照片裡，碧海藍天，美得不像話，像一張電影海報。我這裡也有一張照片，畫面是清晰兩條線的驗孕棒，這兩條線，讓我大清早就有宿醉般的暈眩感。我猶豫著要不要傳給他，這絕對是一枚炸彈，足以把他的碧海藍天炸爛，讓他下巴掉下來放不回去。

我想不透，醫生不是說，我很難受孕嗎？不是說，我子宮差，年紀又大嗎？怎麼才三個月……

看來是有一隻雄壯威武的精子誤闖迷宮深閨，一眼相中了風韻猶存的卵子，來了一場豔遇。這場豔遇，就要從此改變一對新婚佳偶未來的人生。暈眩的心情持續了好久才清醒，我忍住沒走漏風聲，一直忍到他回來。

我把驗孕棒放進小禮盒，襯上金蔥，外面黏上可愛寶寶的插圖，綁上彩色緞帶包裝好，慎重地把這個（上天給的）禮物送到他面前。

鬍子哥剛從海邊玩回來，皮膚晒得黝黑，身上有海水味，以及重返人間的自在，他毫無防備地打開禮盒，愣了三秒。

接著，他知道發生什麼事了，瞪大眼睛，像機器人當機那樣不斷重複：「真的假的、真的假的、真的假的、真的假的啊……我要當爸爸了？」

是的，你只能當爸爸，因為媽媽的位子我佔了。那一整天，他都像夢遊一般，喃喃自語……

後來辦婚禮、生孩子的故事，都寫在上本書《暖活——愛得還不錯的那些故事》裡，而我顛顛簸簸當起媽媽。

零歲的媽媽，帶著零歲的寶寶。我的媽媽新身分，跟嬰兒一樣稚嫩，都是從零開始。

生了孩子以後，人生像是碎裂的拼圖，重新拼出另一個樣貌，每片拼圖都是熟悉的，但拼出來的圖案卻顯得陌生。婚後比婚前更加認真思考，女人，到底為什麼要生孩子？

「婆婆、媽媽等著抱孫！不孝有三，無後最大。」

「電視劇裡小三都是有小孩才扶正的。不然甄嬛幹麼那麼努力生？」

「不生老了沒人養。」

「時間到了呀！結婚、生孩子就是連在一起的。」

「我生小孩才不是為了男人，我就是很愛小孩！」

「沒有小孩，天天看老公，是要跟老公講什麼？」

「沒有為什麼，女人生了孩子才完整，就像男人要當過兵才算長大……」

林林總總想生、該生的理由，但是大部分的女人沒有預料到，會不會有一天，生不出來？或是，生了以後，塞不回去？

生完第一胎，產後憂鬱症凶猛襲來，日日以淚洗面。第四個月，受邀請去講課，對象是社會人士。那是我產後第一次化妝出門，雖然體態臃腫難看，但社交隔絕四個月後，突然有機會見人，依然難掩興奮。

課堂上，我與學員分享，今天是產後四個月第一次出門，同時吐露產後憂鬱症的痛苦。課程結束，有位女學員上前跟我說：「老師，恭喜妳的小孩四個月了，而我流產也四個月了……」她娓娓道來，如何努力做試管，一次又一次，懷上又流掉、懷上又流掉。每次希望換來都是失望，反覆輪迴，她好痛苦……

「我覺得我好失敗，非常迷惘，不知道人生為什麼會這樣？」她帶著受傷的神情說。

當下我十分震撼，我們用痛苦交會，但一個生出來了，一個生不出來。

女人到底為什麼要生孩子？

為什麼生得出來的，跟生不出來的，都那麼痛苦？

隨即湧上的，是深深的羞愧。

我擁有別人的求之不得，我竟然還憂鬱？我憑什麼憂鬱？但是我的憂鬱已然失控，接下來育兒的挫敗更是接二連三出現，我在日夜煎熬的失眠失措中，身心交瘁，體無完膚。雖然生出孩子，為什麼我常常會有一樣的念頭：「我覺得我好失敗，非常迷惘，不知道人生為什麼會這樣？」

沒有誰的憂鬱比較憂鬱，沒有誰的痛苦比較痛苦。生出來的女人有一種功課，不生的女人，也有一種功課。得不到孩子，卻得到人生全然開放的想像。得到孩子，注定要承擔一生的牽掛懸念。實在無法衡量，誰的功課比較難。只能在一言難盡的人生裡，書寫自己的精彩。

生下孩子，也不見得就是神聖偉大的母親。這世界上也有情緒勒索的媽媽、說小孩是拖油瓶的媽媽、重男輕女的媽媽、羞辱小孩的媽媽。母親不一定像月亮，也可能是烏雲跟暴風雪。沒有當媽媽之前，我們根本不知道，自己會是哪一種媽媽，自己有沒有那麼偉大。

婚後十年，再來看生孩子這一題，多了許多思慮。

也幸好，當年沒想那麼多，想多了，也許就不敢生了。

兩條線的出現，意味著，婚姻的冒險旅程才正要開始，牽著手的那個人有沒有智慧膽識一起乘風破浪，要出航了才知道。

有一種時差

時差是，人已經身在某處，但是身心狀態卻沒同時同步。

大多數時候，發生在旅行，但也有時候，是人生。

媽媽，是對母親的稱謂。

母親，是生育小孩的女人。

「媽媽」與「母親」，這不一定是同時發生的事。

沒生孩子之前，我壓根沒深思過。

認真回想，結婚前，我不曾親近過嬰兒，也不曾抱過嬰兒。小子，是我生命中第一個伸手擁抱的寶寶。

因為生了一個孩子，「寶寶」這種全然陌生的族群，變成我生活的重心。

生下孩子，不是理所當然就成為母親。

至少，對我來說，生下孩子，到成為一位「真正的母親」，中間有著嚴重的時差。差不多，是五年的時間。

結婚、生子是人生的重要階段，但是我沒有讀過一本教科書，教我如何當媽媽。他們說：頭過身就過。船到橋頭自然直。不要想太多。會生就會養。

幾句拍拍肩膀安慰話，稀鬆平常地濃縮了書店裡滿滿幾大櫃的超級育兒通、快樂育兒經、副食品全指南、新手媽咪不崩潰。

難道沒人質疑：如果頭過，身沒過，怎麼辦？如果船到橋頭，還是歪的，怎麼辦？

和我同年齡的女性朋友，紛紛也在差不多的年紀當了媽，大家果然呈現「天然會」——天生就會。

看著她們駕輕就熟的樣子，我十分迷惘，大家都是第一次當媽，為什麼她們都可以「第一次當媽就上手」？我卻到第二胎依然被打趴？

到底是他們的孩子特別聽話好帶，或是我天生失能？

還記得生完孩子沒多久，出版界朋友慫恿我寫親子教養文章，當時的我一把眼淚一把鼻涕，慌張地捧著各位「親子專家」的大作，我有能力寫教養文章？不，不可能，我不會當媽，我驚懼不已，我節節敗退。

嬰兒時期，還在月子中心，收到三位朋友送我同一本書，《百歲醫師教我的育兒寶典》。我被這本書搞得惶惶不安，書上說，今天不讓寶寶哭，明天寶寶讓你哭。

可是無論如何，我沒辦法讓我的寶寶不哭。

醫院的衛教說要仰睡，但書裡卻建議寶寶趴睡，會睡得比較安穩。試著讓小子趴睡的時候，我寸步不移，眼睛直盯著小子微弱的鼻息，關注細微的蠕動。趴睡猝死的機率大，我好害怕，最後還是訓練他仰睡。

書裡還說，讓寶寶哭，哭久了就會學習到哭是沒有用的，十五分鐘進去房間看一下就好。我其實完全不明白，為什麼寶寶需要學習「哭是沒有用的」呢？如果連哭都沒有用，那他要怎麼求救？

帶著滿腔困惑，我神經兮兮裝了監聽器，怕他哭不停，更怕他不哭。

有一次，去電視台錄節目的時候遇到「兒科界金城武」——黃瓈寧醫生，黃醫師幽默風趣，簡直是老天派來拯救我的。錄影完，搭他的便車到捷運站，一上車，我厚著臉皮，請教我心中悶了許久的育兒困惑。

「黃醫生，請問您聽過百歲醫生嗎？這本書讓我好困擾。」

黃醫生跟我說，太多媽媽來問他，不是只有我一個人困擾。每個寶寶氣質都不一樣，不用強求書上的方法。

「你有訓練小孩自己睡一個房間嗎？」我怯生生地問。

黃醫生爽朗大笑：「我兩個小孩都讀小學了，還跟我睡在同一張床上呢！」

我大鬆一口氣，決定告別百歲醫生。

度過嬰兒時期，基本生活照料的混亂已經漸漸平息，接踵而來是小子的情緒風暴讓我無法招架，我不知道怎麼安撫他，桌上堆疊著滿滿的教養書，跟聖經學、跟阿德勒學、跟薩提爾學、跟德國人學、跟芬蘭人學、跟以色列人學……就會教出自信、獨立、勇敢、充滿愛的孩子？

於我，是天方夜譚。

如果人生來有天賦，那我天生不是當媽媽的料。簡直不需要經過任何檢測，很像學生時代在課堂上突然被數學老師點起來回答三角函數，老師篤定地說：「妳一臉看起來就是不會。」

是的，我不會。

不會三角函數，沒關係，沒有要當數學家或工程師，有些不會可以被寬容。

但是不會當媽媽，是不可饒恕的質疑，一條魚不會游水，還能是魚嗎？

孜孜不倦讀了很多教養書，時不時跟其他媽媽朋友取經，最後證明是還是枉然。

他一暴怒，我就當機。

他亂發脾氣，我就傷心。

傷心不是因為他對我咆哮，而是我不明白，為什麼我的孩子這麼不快樂？他才五歲啊。

聽說是杏仁核還沒長好，多喝杏仁露有沒有幫助？

聽說是戰鬥陀螺玩太多，太刺激……。聽說是吃了人工化學香精的糖……。聽說是要拿衣服去收驚……。聽說……

好幾次被搞得精疲力竭，母愛蕩然無存，只希望有誰，可以把他帶開三分鐘，讓我好好大哭一下。我是不會游水的魚，不會飛的鳥，不會跳躍的兔子，該怎麼辦才好？

工作的時候我是最拚命的，當女兒的時候張羅多親父母也自認做得不差，為什麼我不會當媽媽？年輕時候努力要「做自己」已經很難了，沒想到「做媽媽」是難上加難。驚慌失措、七七八八……

這是一首腳步凌亂的舞，踩在哪個節拍都不對。笨拙的姿態、僵硬的身軀、尷尬的笑容，沒有人喝采。

我需要一位心理諮商師，如果不是我去，就是帶他去。

朋友推薦一位知名權威的兒童心理諮商師給我，我猶豫不決，鼓起氣勇氣打電話去，權威很難掛號，我預約到兩個月後的診。

掛下電話，忐忑不安，不知道這樣安排是對的嗎？

∴

我開始幫妹妹找幼兒園了。目標很明確，我要一間幼兒園，不用教注音符號，也不用ＡＢＣ，只要能夠培養她的內在意志力，能夠與情緒相處，穩定身心，就是我要去的地方。

我找到一間華德福體系的幼兒園，老師很親切，希望我們在正式入學之前，多帶孩子去走走，先熟悉環境跟老師。我每次出現，都是被小子駭得驚魂未定，一開口就是請教老師，小子又有什麼狀況，我該怎麼應對才好？常常講得聲淚俱下。

快到開學時，老師笑笑地問：「媽媽，我們是不是來聊一下妹妹？要來念幼兒園的是妹妹呀！」

尷尬極了，卻也讓我更慌張了，這表示，我還沒搞定哥哥的情緒風暴，馬上又要迎來妹妹的分離焦慮。我能活得下去嗎？

∴

日子時而好、時而壞地過著。

有一天早晨，我牽小子到樓下等娃娃車，站在路邊，他突然甩開我的手。

「怎麼啦？」我柔聲關心。每天都是我牽他上車的，為什麼今天不給我牽？

原來，他怕同學看見，羞羞臉。

娃娃車來了，他瀟灑地舉起小腳，用力踏上車，沒有回頭。我看見他坐在靠窗的位子，我在窗外擠出大大的笑容，朝他使勁揮手，他面無表情，沒有看我。

車開動了。

我，站在原地怔然，風呼呼吹過，我目送娃娃車越駛越遠，遠遠地消失在盡頭。

低下頭，望著方才還牽著他綿綿軟軟的手，那些暖暖的餘溫。

這是第一次，我深刻感受到，他會長大，有一天會漸漸離我而去。

我為什麼急著要他跟別的孩子一樣聽話懂事？

他是我的孩子，為什麼我要四處討救兵？

有誰，會比生他的我，更懂他？

如果有什麼決定性的一刻，那麼，就在他放開我手的這一秒，我忽然從媽媽成為了一位母親。

媽媽是，努力迎合社會上對媽媽的各種期待。社會的期待、老媽的期待、鬍子哥的期待，甚至是教養專家的期待，阿德勒的期待、薩提爾的期待……那些標準，各自不一，讓人心慌，讓人沮喪，我精疲力竭，沒有一樣達標。

但是，孩子是我生的呀！

就那麼一瞬間，我決定用我的直覺帶領他。我不想再慌亂地找誰來給我指引了，我是母親，我是帶他來這個地球的人，我是他投胎前靈魂選擇的母親，關於他的使用規則，已經暗植在我意識深處，不要害怕，靜下心，我會找到那本無字天書的。

我不想再當「媽媽」了。

但，我成為「母親」。

生下小子五年後，我終於成為了母親。

往內心去找我的力量，不再往外去找解答。

那間知名權威的兒童諮商中心打電話來提醒我，隔天就是小子的初診。即使等了兩個月才等到這個機會，我在最後一秒決定放棄。

高敏感的小子，不想給他貼上標籤，不想讓他覺得自己怎麼了。

他很好，他只是杏仁核還沒長好，給他時間，他會長大。

我也很好，雖然我是發展遲緩的母親，但是慢慢學、慢慢長，我也會長大的。

後來，讀了兒童心理大師溫尼考特的書，他說：「做母親最好是渾然天成，完全仰賴自己。」他認為媽媽天生就知道怎麼照顧孩子，靠直覺養小孩就夠了。第一次聽到這論點，差點沒從椅子上摔下去，這樣……也可以？

但又覺得他講得真對。

溫尼考特認為，女人不用成為「最好的」母親，因為完美不存在，只需要是「夠好的」母親，能夠察覺到孩子的需求就可以了啦！

這位先生，我早點認識你該多好？

是我個性中的要求完美，讓自己挫敗感十足。也是我的怯懦，不敢承擔一個生命，害怕自己做得不好，我躲在專家後面，跟聖經學、跟阿德勒學、跟薩提爾學、跟德國人學、跟芬蘭人學、跟以色列人學……都忘記了，不管是多麼厲害的專家，他們都有一點不如我，只有我是扎扎實實天天跟孩子生活在一起的。

我怎麼從來沒有勇氣，跟自己學？

研究神經科學的心理師雪莉．喬漢提出的觀點，其實不謀而和。不需要去做（doing）什麼，而是放鬆自己，與孩子同在（being），不要用左腦教孩子，反倒要用右腦去創造跟孩子心連心的連結，喚起內在愛的直覺！（瞧，又是直覺，我要把書架上的教養書全部送人！）

小妞的華德福幼兒園園長跟我分享過一句話：「所謂的陪伴孩子，是在他的身邊，不是在他的對面。」在他身邊同理他，不是在對面急著教導他。

當我的內在從「媽媽」轉變為「母親」之後，很奇妙的，我的幽默感回來了，小子的情緒也莫名變得穩定。（難道不是因為上了小學？掩面！）

有一次，我們再度經歷不愉快，他寫了道歉紙條給我，對不起三個字，「ㄉㄨㄟˋ」

跟「ㄑ一ˇ」兩個字是注音。我想，等他三個字都不需要寫注音的時候，杏仁核應該就長好了吧？

我試著不要當我媽那樣的媽

這封小信，是小子一歲的時候寫的，也意味著，那時候，我是個一歲的媽媽。

我在我老媽身邊，當一個新手媽媽，深深體悟到，我愛我媽，但我不要當我媽那樣的媽。

∴

昨晚在客廳，阿嬤在擦地，我抱著你玩，忽然聞到臭臭的味道，我將你放下，準備去臥房拿毛巾為你清洗。才一秒鐘的時間，你整個人腳步一滑往後栽倒，後腦杓重重落在磁磚地板上。你放聲大哭，開始尖叫。

阿嬤一把將你撈起，隨即對我破口大罵：「妳是怎麼當媽的？」

「我是故意的嗎？難道我是故意的嗎？」我又急又惱。

「妳當媽就是讓人不放心。」阿嬤口不擇言狠狠又罵一句。

我的沮喪難以言喻。

從你出生那天起，我與阿嬤的戰火便悄悄燃起。

「妳不懂」、「妳不會」、「妳又沒經驗」、「哼，看書有什麼用，我就是這樣把妳跟哥哥養大的」。

「新手」對阿嬤來說，就代表沒經驗、代表錯誤的判斷。

是的，我第一次當母親，但這不應該是原罪。

也或許應該說，阿嬤對我的挑剔，並不是因為我當媽媽的緣故，從小到大，無論多麼努力，阿嬤很少讚美我，阿嬤是一個澈底負面思考的人，生活中大大小小的事情，讓她抱怨的，遠遠超過讓她讚美的。讓她擔心的，遠遠多於讓她開心的。

坐飛機出國玩，她擔心飛機掉下來。

搭電梯嫌裡面人太多。到地下室嫌空氣不流通。

我買的菜都是不好的，我挑的水果都不甜，我洗的米一定不乾淨。

媽媽這麼說，不是要怪罪阿嬤，如果你知道阿嬤是怎麼長大的，或許能夠理解她為什麼會是現在這種人生態度。

阿嬤成長的過程十分辛苦，在戰地金門出生，家裡很窮，赤腳跟鄰居借錢上學，鄰居叫她在門口等，一等就是一整天，肚子餓了也不敢走。勉強借來的錢只能供她讀一年的小學，最後她連小學都沒有畢業。

此後，她幫軍人洗衣服、縫衣服、去電影院賣票，支撐搖搖欲墜的家。

我不確定她有沒有常常被她的母親擁抱，有沒有常常被媽媽揣在懷裡不斷告訴她「我愛妳」。

長大以後，她從金門飄洋過海嫁到臺灣，歡天喜地結了婚，以為從此可以有幸福美滿的家庭，偏偏結局是眼睜睜看著先生提著行李、挽著另一個女人離開。

如果你知道了阿嬤的遭遇，你不難猜出她為什麼習慣怨天尤人，老是埋怨自己「命好苦」，雖然那是媽媽很不欣賞的生命態度。

你知道嗎？媽媽還沒結婚前，我時時提醒自己不要成為像阿嬤那樣的女人。

上一代的女人，受教育比較困難，以至於限制了自己靈魂成長的潛力，又因為沒有成長的能力，讓生命的苦難變成所有負面思考的藉口。看什麼都不順眼，因為潛意識裡從不覺得人生會發生什麼好事；什麼都想掌控，因為深深害怕失去。

看不開，因為不知道怎麼看開。

放不下，因為沒有學過怎麼放下。

一輩子都好苦，心裡苦，生活也苦，根本不懂什麼叫享福，去好一點的館子就有罪惡感，捨不得為自己買一件貴一點的衣服。

媽媽不想要那樣的人生，所以媽媽不想要當那樣的女人。

當我成了母親以後，我也戒慎恐懼，不想成為那樣的母親。

那樣的母親是指：

犧牲自己的人生去成就孩子的人生。

壓抑自己的快樂去成就孩子的快樂。

並且不斷把自己的犧牲掛在嘴邊，變成孩子心中無形的壓力。

親愛的小子，你要知道，生命中有放棄、有調適、有選擇，但那都不會是犧牲。

我們不要用「犧牲」的心情去做選擇。

當你覺得你是犧牲者，你就會覺得自己是「受害者」，你內心就會有怨，於是當對方表現不如你想像，你就會開始生氣：當初我為了你，做了多大犧牲……

人與人的關係，只要牽涉上犧牲，就稀釋了美好的濃度。

比起犧牲，媽媽更希望是「樂於接受當下命運的安排，在落地之處開花」。

媽媽有了你，人生做了許多調適，我不再拎著包包就去世界流浪，我放棄許多可能讓我大鳴大放的工作機會，我早上爬起來做滿桌的早餐，晚上幾乎不出門，如果有約，早早就會回家……

但我從來不是抱著「犧牲」的心情。

我覺得，我踏上了另一種學習的旅程。

你知道媽媽我是最喜歡學習的，所以學習承擔一種新的身分，學習孩童的世界，我跌跌撞撞、但甘之如飴。

但是，即使我做了許多調適，我也從沒有放棄我自己的快樂，我還是找時間閱讀，找時間創作，安排空檔去演講、授課。擁有自己小小的天地，依然保有我的快樂。

所以將來我不能把「我的快不快樂」變成是你的責任。

因為沒有一個人該為另一個人的快樂負責。

沒有一個人該為另一個人的人生負責。

我希望，當你長大以後，我依然是一個獨立快樂的母親，讓你可以無後顧之憂去追尋你的人生，你可以想念我，常常黏著我，但當你想飛的時候，不用時時擔心我不開心。我很好，我很快樂。

你是我快樂的泉源，但不是唯一的來源。能夠這樣，我想你才能無負擔地飛翔。

∴

這篇文章，足足壓了九年才發表。雖然行徑緩慢，但終究走過了那段備受打擊的挫敗日子。

文章在粉絲頁刊登的時候，獲得熱烈迴響，親子天下網站也來詢問轉載。是不是有好多媽媽，都在承擔著「犧牲」，壓抑著自己的快樂呢？

女人結婚後，「犧牲」變成婚姻關鍵字，無論多麼獨立的女人都得從一撇一捺開始學，彷彿沒有寫好寫滿，就難以稱上好媽媽、好妻子、好媳婦。

所謂的「好」，就是把別人放在自己前面，事事為別人著想，先生、小孩、家務擺第一，自己的需求往後放，能做就做，任勞任怨……一旦結了婚，女人變成先生的「妻子」、小孩的「老媽子」、公婆的「媳婦兒」，女人自己到哪兒去了呢？

寫電視劇《未來媽媽》的時候，我設計了一個序場：

這是一對論及婚嫁的男女，他們享受著美麗浪漫的夜景，女人望著遠方，看起來若有所思。男人察覺，伸手摟住她：「在想什麼？」

「你有沒有想過，未來是什麼樣子啊？」

男人一頓：「我眼中只有妳，我的未來……就是妳啊！」

「那我的未來呢？」

「妳的未來不就是我嗎？……（憧憬著）我們會有一個家，妳會是一個好老婆、好媳婦，還會是一個……好媽媽。」

男人的理所當然，反應了一般社會大眾傳統的觀念。

寫這齣戲的時候，我正值婚姻第七年，結婚前並沒有強烈感受到，傳統對媽媽、妻子、媳婦的角色期待，將會如何無影無形地滲透著一個女人。

一個女人，只要結了婚，忽然間從「女兒」這個單一角色，變成妻子媽媽媳婦多重角色，開始承擔多重期待。

長久的社會傳統觀念，導致男人並不打從心底覺得家務與他有關（小到買菜、大到孩子教育），女人則是似乎理所當然地張羅一切。

如果妳的老公就是這樣，不要罵他。這並不是換了一個老公，就會變得更好。我很多年後才慢慢體悟：「婚姻中，女人的敵人，就是婚姻本身。」女人對抗的，不是老公，而是那看不見的、根深蒂固的、無形的社會期待。好像對著空氣揮拳，啥也沒打著，只落得自己一身狼狽。這時候，看不見的壓力太虛幻，但老公就在眼前，罵老公比較快，老公也挺無辜的。

韓國作家金英朱寫了一本書叫做《媳婦的辭職信》，「為什麼不想當媳婦，只有離婚或死亡這兩種方式？」她在當了二十三年媳婦後，向公婆遞出辭職信，向老公要求離婚。金英朱描述在別人眼中，她就是「在好公婆家過著優渥生活有福氣的媳婦」，可是她卻感到鬱悶和窒息。婆婆常常灌輸她一些舊觀念，像是「嫁到這個家，死也是這個家的鬼」等等，她強烈排斥這些觀念，卻又不知不覺內化成自我犧牲的行為，導致找不到自己是誰。

印象最深刻，是她藉由夢的解讀重新認識以及療癒自我。其中一個夢，夢中她找不到自己的鞋子，後來是婆婆拿給她的。鞋子是行動的力量，可以帶我們到遠方，她已經遺失鞋子很久了……

夢中婆婆把鞋子給她，她痛哭流涕，為什麼現在才拿出來？

當她這麼想，是在責怪婆婆，把痛苦的責任轉嫁給婆婆，後來她體會到，她應該問自己：「我為什麼現在才要去找自己的鞋子？」

書中她提及韓國童話故事《仙女與樵夫》，樵夫把仙女的飛天衣藏起來，懇求仙女留下來，在孩子長大之前，仙女是孩子的媽媽、樵夫的妻子。可她從來沒有忘記過她是仙女，直到有天，樵夫終於願意把飛天衣還給她。

金英朱說，仙女從來沒有忘記自己是仙女，才能再次找回飛天衣，但是金英朱在婚姻中只會迎合大家，遇到不合理的事情只會哭，忘記了自己是誰，其實是自己把象徵自由的鞋子藏了起來。當她辭職後，反而可以跟夫家人平起平坐，不再是上對下的氣氛，卸下了「媳婦就應該要做什麼」的壓力。（她辭去了媳婦，但沒有離婚，是「卒婚」的分居狀態。）

∴

我試著重新理解老媽，她獨自從金門嫁到臺灣，結婚的時候才二十歲。當年有十多位泰國、緬甸來讀書的親戚，全都寄住在奶奶家，老媽每天早上五點起床張羅家事，每一餐要端出兩桌的菜，還要洗衣、擦地、帶自己的孩子，盡最大的努力滿足夫家期待，以自我犧牲換取認同。

作為一個年輕小媳婦，對婆婆的畏懼、對大家庭的適應、對婚姻的不知所措，她不知道該如何排解，那些委屈、怨念揮之不去。後來老爸老媽離婚了，每年過年，奶奶一定會託我帶紅包給老媽。奶奶都清楚嗎？老媽在婚姻中受了多大的委屈，同時犧牲了多少……

齊克果說：「生命要向前看，但要向後看才能理解。」對老媽的理解，對自己的理解，對整個社會對角色期待的理解。我往後看，上一輩，許多女人活成了「好老婆、好媳婦、好媽媽」，但，可能不是「快樂的老婆、快樂的媳婦、快樂的媽媽」。

可我，想當一個快樂的老婆、快樂的媽媽、快樂的媳婦。

我也許不用那麼好，剛剛好，也很好。

也或許，當女人快樂了，不管是當老婆、媽媽還是媳婦，一切都會很好。

我不是麥田捕手

這是小子四歲的事。

帶小子在公園放電。遊戲區因為一場大雨，淤積了一塊泥巴水坑，有個三歲小男孩圍著水坑玩泥巴，小男孩旁邊坐著年輕媽媽，正在閒適地享受陽光。

我其實早就注意到那個小男孩，為了怕小子去湊熱鬧，我極力慫恿小子去溜滑梯，刻意將小子帶離那個「誘惑地帶」。哪知道小子偵測到那片泥巴水坑，興沖沖奔去，我拉都拉不住。

年輕媽媽親切招呼：「歡迎一起來玩喔！」然後她拿了一根樹枝給小子，解釋著：「弟弟正在煮玉米濃湯，你可以一起煮喔。」我恍然大悟，原來小男孩用樹枝攪來攪去的泥巴水坑，在我眼中是一灘汙水，他眼中是一鍋玉米濃湯，而他正在丟進落葉加料。

小子接過樹枝，馬上蹲下來加入烹煮玉米濃湯的行列。我處女座的眼睛瞥見小子的新球鞋已經沾上汙泥，我嗓門一開，正想吼，眼睛卻又瞥見年輕媽媽氣定神閒地細語：「哇！你們兩個同心協力，玉米濃湯一定好好喝喔！」

霎時間我住嘴，好奇地望著她，潔白娟秀的臉，面頰兩旁點綴淺褐色的雀斑，螢光綠的大T恤，寬鬆的男朋友牛仔褲。年輕媽媽雖然年輕，可是臉上不驚不乍，有股說不出的從容。

我坐到她旁邊，盯著眼前髒兮兮的小孩，歎道：「妳對小孩好包容，玩成這樣髒兮兮，妳不會怎樣嗎？」

「小孩子不就該這樣嗎？」她反問我。

我有些愣住，她說得似乎也沒錯，可是我仍有些疑惑：「妳都不會生氣嗎？」

她又笑：「為什麼要生氣？台北小孩已經很少有機會可以玩得全身是泥巴，我覺得小孩就應該髒兮兮地玩呀。」

「可是我好像比較難接受玩得這麼髒……」我坦承，我的處女座過不去。

「髒了也沒關係，擦乾淨就好了呀！擦不乾淨，回家洗澡就好了呀！」她身邊放著一大包濕紙巾，隨時可以擦拭。

我佩服地望著她，她笑吟吟地說：「男孩子，精力旺盛，一直制止他，這不准那不准，倒不如就讓他好好玩。只要他沒有危險，我都讓他去嘗試。」

此時，小男孩的阿嬤來了，小男孩高興跳起，要用汙泥抹在阿嬤身上，小子也想追，我一把抓住他，自己玩髒就罷了，還想弄髒別人，我是不允許的。

年輕媽媽卻沒有制止她的小孩，我更驚奇了：「妳會讓小孩用髒水去抹阿嬤？」

「阿嬤很有活力，也很愛跟孫子玩。對我來說，這不是一件多嚴重的事情。」

我抬起頭，發現自己根本白問，眼前阿嬤正開心地跑給小男孩追，祖孫兩人玩得不亦樂乎。

「阿嬤衣服被弄髒了怎麼辦？」我怎麼老在這個地方打轉啊。

「髒了就回家洗呀！」年輕媽媽的回答依然很簡單。

其實我還想追問：

妳不覺得這樣的舉動很沒規矩、沒禮貌嗎？妳不怕一點一滴的包容會變成放縱嗎？妳不擔心他將來行為偏差嗎？

可是我沒有問，因為我隱隱約約察覺，年輕媽媽心中有著自己的定見，在所有世故的約束之前，在她願意全心守護三歲孩子的純潔天真。

夕陽餘暉下，我望著年輕媽媽，看著她眼中流轉的溫柔，想像她有一片胸襟，如海洋一般寬廣。

但我的胸襟差了一截。我跟小子強調，我的底線是：不管怎麼玩，就是不能把泥水弄到人行道，因為泥水可能會害路人滑倒，還會弄髒環境。

傍晚了，年輕媽媽帶小男孩回家了，如今現場只剩下小子一個人，一些路人經過，有些爸爸媽媽的目光像是在質問我：「妳怎麼會讓小孩玩成這樣？妳都不管小孩的嗎？」

我一方面有些羞愧，一方面又有著矛盾。

三、四歲的小孩，快樂地玩著泥巴有什麼不對呢？

那麼我在介意什麼？除了不准小子妨礙到其他人，我還介意什麼？

我是怕路人的目光嗎？還是我自己怕麻煩？髒兮兮的小孩可不比油膩膩的碗盤，只要丟進洗碗機就天下太平。又或許，應該「適可而止」，但是既然要讓他玩，就讓他玩到混身是泥巴，玩到極致，又有何不可呢？

聽說小孩的前額葉皮質尚未發育成熟，導致他們只「活在當下」。

小子的確非常活在當下：

一開始雙手是泥巴，後來鞋子是泥巴，後來整條褲子是泥巴，後來連頭髮都是泥巴……

艾利森．高普尼克在《寶寶也是哲學家》裡面寫到：「心理學家通常把這種肆無忌憚的幼稚行為當成缺失，當然如果你的目標是要和日常世界和平相處、做事更有效率的話，這確實是一種缺失。但如果你只是想要同時探索真實世界以及所有可能的世界，那這個看似缺失的特點反而可以助你一臂之力。」

踩水坑，就是他用身體真實探索這個世界啊！

只要不是危險的事情，我為什麼不能溫柔地在一旁守望，放心放手讓他嘗試？

恍惚間，腦中浮現了沙林傑的《麥田捕手》，書裡是這麼寫的：「我將來要當一名麥田裡的守望者，有那麼一群孩子在一大塊麥田裡玩。幾千幾萬的小孩子，附近沒有一個大人，我是說——除了我。我呢，就在那混帳的懸崖邊我的職務就是在那守望，要是有哪個孩子往懸崖邊來，我就把他捉住——我是說孩子們都是在狂奔，也不知道自己是在往哪兒跑——我得從什麼地方出來，把他們捉住。我整天就幹這樣的事，我只想做個麥田裡的守望者。」

當年讀這本書的時候，我還不是一個「大人」。對於書中主角的使命就是要保護孩子們純潔的天真，我一度感到泫然欲泣。我好想跟大人的世界說，請給我完全的自由，放縱我恣意奔放，只需要在懸崖輕輕地托住我，別讓我墜落就好。

如今我成了一個「大人」。

我卻也成了「那樣的大人」。

不知為何，忽然間有些悲傷。

我沒有做成麥田捕手，如果不是年輕媽媽在，我會出手阻止兒子玩泥巴，我會大聲斥喝：不要動、不要摸、那很髒……

我會貪圖輕鬆，不想清洗滿身汙泥的小孩。我會恐嚇他，我甚至可能會強迫把他帶回家。我會以為乾乾淨淨守規矩，這是良好的教養。（但這何嘗不是一種扼殺？）

這天晚上，一邊搓洗著兒子充滿汙泥的衣褲，一邊被老媽罵著（老人家可是氣炸了），耳朵又癢又難過，心裡十分惆悵。

再見了麥田捕手，真實當父母的確比閱讀一本小說困難多了。

∴

又過了幾年。

當小子開始上學，漸漸地，他的潔癖跟著長大，容不得一點髒。他開始在意別人的看法，時不時會覺得丟臉。

去游泳池，他害怕踩到有汙水的地板。去沙坑玩的時候，他甚至不脫鞋，他怕赤腳會弄滿砂粒。路邊的樹木他不敢碰，覺得樹木的皮醜醜的。

此時的我，懷念起那個跳水坑、滿身泥巴的小男孩。

懷念肆無忌憚、天地無懼。

懷念那一切的「活在當下」……

一夜長大

梁靜茹有一首歌，叫做〈一夜長大〉，她的歌聲溫暖療癒，每次聽都能勾起感傷的回憶。歌詞說的是經過失戀之後，女孩就一夜長大了。

但是啊，當了媽媽之後，我才體悟到，讓女孩一夜長大的，怎麼會是男人？是孩子啊！

小子一歲六個月的時候，我肚子裡懷著四個月的小妞。

某個早上，小子哭說肚子痛，還拉肚子，我趕著去學校講課，協調鬍子哥帶他去給醫生檢查。下午回到家，小子十分虛弱地趴在鬍子哥身上，鬍子哥報告：「我記錄過了，很奇怪，他每隔十五分鐘就會抽痛，大約痛一兩分鐘又好了。」

「醫生怎麼說？你有跟醫生說他每十五分鐘痛一次嗎？」我擔憂地問。

「有啊，醫生說可能是腸胃發炎，也有可能是什麼……腸套疊？哎呀，醫生說腸胃炎機率比較大，所以安排明天做腹部超音波。」

鬍子哥將軟趴趴的兒子交給我，他趕去開會。醫生檢查過了，應該可以放心，小孩子吃壞肚子是常有的事吧？

但下一秒，敏感的天線還是讓我覺得事有蹊蹺。「腸套疊」？那是什麼？我是一歲六個月的媽媽，資歷尚淺，從來沒有聽過這個名詞。

上網查，顧名思義，腸套疊是指一段腸子被推擠到另一段腸子裡面，可以是大腸套入大腸、小腸套入大腸、小腸套入小腸，或甚至是小腸套入小腸後再套入大腸的「連環套」。

網路還說，這是小兒「急症」，二十四小時內必須要馬上處理，時間若拖延太久，會造成腸道組織缺血，黏膜糜爛壞死，最後導致腸壁破裂穿孔而引發「腹膜炎」；若發炎感染擴散至全身，會造成敗血性休克，孩子會虛弱、心跳變快、發燒、腹脹甚至血壓下降等現象，最後就是……

我沒辦法看下去，直接跳到症狀：嘔吐、帶血絲的便便、規律的腹痛，需要立即照腹部超音波判別。雖然小子沒有嘔吐與血絲便便，但是每十五分鐘規律劇痛，他面容扭曲，全身蜷在一起大哭，實在無法想像這只是單純的「腸胃炎」？

我趕緊傳訊給鬍子哥：「我覺得不太對勁，我想去大醫院看看……」

「需要嗎？要不要等明天照了超音波再說？」

如果不是「急症」，等到明天沒問題。

但，萬一是腸套疊的話，根本不能等。

既然社區型醫院沒辦法馬上照超音波，我決定帶他直奔大醫院。到了第一間大醫院，醫生聽我的描述，判斷極有可能就是「腸套疊」，但這家醫院的超音波人員已經下班，醫生不敢收：「這真的不能拖，媽媽妳趕緊轉院。」最近的，就是國泰醫院。

我從小小病不斷，也一路陪老媽看診至今，算是就醫經驗豐富，但我從沒遇過醫院無法處理的情形，當下我嚇壞了，顧不得懷孕初期的不適，抱著不斷哀號的小子衝到大馬路上招計程車，飛奔國泰急診室。

急診醫生十分熱心，馬上致電總醫生，很快地，總醫生余寧寧來了，她是一位親切幹練的女醫生，問診像辦案那樣抽絲剝繭。

「醫生他沒有嘔吐，也沒有血便，這樣也可能是腸套疊嗎？」我困惑。

「沒有嘔吐可能是他還在忍，血便有時候肉眼無法看見，還是要化驗的。」余醫生耐心地解釋。

我們來到超音波室，余醫生看著影像面色凝重跟我說：「強烈懷疑就是腸套疊，但是等主任醫生再來確認，不要讓孩子白白受苦。」她見我眼眶含淚，鼓勵我：「幸好媽媽妳機伶，要是超過二十四小時，真的很麻煩。你們也很幸運，因為主任一星期只來兩個晚上，正好今天他在！」

沒多久，林隆煌主任威風凜凜走進來，幾個俐落的動作，找到病灶，馬上肯定地告訴我們，就是腸套疊，準備辦住院。

小子哭嚎不已，瘦弱的小手被吊上點滴，送進放射室，醫護人員解釋：「我們必須要為他實施鋇劑灌腸復位術，但小寶寶的腸子很細很脆弱，所以有個風險要先跟媽媽說明……」

「什麼風險？」

「有可能會腸子破裂……」我感到一陣天旋地轉，撐著聽下去，醫護人員繼續說：「如果腸破裂，我們就會馬上進行開刀手術。如果沒有破裂，但灌了三次都沒有灌通，也要馬上動手術。」

看著小子孱弱地躺在冷冰冰的診療台上，我的眼淚開始落下，醫護人員遞給我同意書，我的手不斷在顫抖，艱難地簽上我的名字……

叔叔、媽媽全都趕到醫院，我給鬍子哥打電話，關機，完全找不到人，只有隨時傳訊息給他，回報最新狀況，希望他一開機就能看見。

前置作業都處理好了，需要有親人在旁邊陪他，可是鋇劑灌腸有放射性，我肚子裡懷有四個月的小妞，醫護人員問：「爸爸呢？」

「爸爸還在開會。」

叔叔按捺住我：「我進去陪，妳不要進去。」

厚重的隔離門剛關上，鬍子哥喘吁吁趕到，一秒不差，我趕緊敲門：「爸爸來了！爸爸可以進去陪他了……」

放射室裡一共有四位醫生，叔叔跟鬍子哥在裡面陪伴，我與老媽在外面。當隔離門重重關上，我忍不住哭了出來，淚水湧上，無法遏抑……

我虔誠跪在長廊的椅前，跟老天爺交易，只要孩子健健康康度過難關，我願意什麼都放棄……

等待的每一秒都是煎熬，忍不住打電話給我的好姊妹，請她為我祈禱，溫暖的聲調透過手機傳來，我的心漸漸平靜。

掛掉電話沒多久，我聽到門裡面傳來細微的笑聲，還有一句：「通了！」

我喜極而泣拉起跪在地上求觀世音菩薩的老媽：「媽，媽，沒事了，通好了！」

門一開，我看見我的孩子，他被注射鎮定劑，眼神迷茫，傻傻笑著。

我開心到毫無顧忌，衝動地跟每一個醫護人員擁抱道謝，謝謝，謝謝……

「你看，我從小到大一直生病是有好處的，老天就在培養我對疾病的敏銳度！」鬍子哥這時也不得不誇獎我危機處理得好。要是隔天才照超音波，小子恐怕要挨上一刀了！

∴

後來，腸套疊沒有馬上遠離我們。

第二次犯的時候，小子肚子又開始痛，我們懷疑，但不敢確定，畢竟也有兩年了。深夜的醫院急診室，醫生說：「不太可能，因為腸套疊好發在兩歲以前，現在已經三歲六個月，機率不大。」判斷小子是宿便太多，直接幫他灌腸排便，就讓我們出院。

回家以後，小子繼續規律疼痛，直覺告訴我，他是腸套疊，需要超音波判斷，我致電原來的急診室，急診室說超音波要等隔天門診請醫生開單，再排時間。

我又打了第二間急診室、第三間急診室……

小子頭冒冷汗，一陣一陣呻吟，蜷成一團。鬍子哥累癱了，在沙發上昏迷。我搖搖他，果斷地決定：「你起來，我們要去急診。」

「我們不是剛從急診回來嗎？醫生說是宿便啊！」鬍子哥覺得我緊張兮兮。

醫生專業的判斷，跟一個愚婦無憑無據的直覺，完全不能放在同一個天平去比較。也許我是錯的，我多希望我是錯的，但萬一我是對的呢？

「我只問你，如果是腸套疊，該怎麼辦？就算是萬分之一的機率，你敢賭嗎？」鬍子哥猛地清醒了，我繼續說：「我問了台大急診室，如果醫生判斷有需要照超音波，馬上就能照。」

凌晨四點多，醫生判定：「腸套疊，馬上安排手術。」

一夜，又一夜，我更加勇敢，勇敢地面對，勇敢地相信自己內心的聲音，相信自己對孩子的熟悉，是這地球上唯一能夠神祕解讀孩子的人。

那歌詞是這樣唱的：

末班車回家　雨一直下
整夜忍的淚　它不聽話
我不想去擦　就這樣吧
愛讓這女孩　一夜長大　一夜長大

∴

第三次犯，是三歲九個月，離上一次，才半年。我已經不吃「大腸包小腸」、「不喝腸子湯」、「不吃粉腸」，怎麼小子的腸子還是要玩疊疊樂？

我看他疼痛的程度，迅速就能八成判斷，腸套疊這個陰魂不散的討厭鬼又來了。我冷靜清晰，收拾好入院需要的東西，毫不猶豫就回到台大急診報到。深夜入院，安排到清晨可以有手術台。小子被注射微量麻醉藥，神智不清、意識渙散，小小一隻躺在偌大的病床上，這麼小的身體，一次又一次反覆折磨，我不忍卒睹。

在放射室門口等待被推進去，小子拉著鬍子哥的手，小聲呢喃道：「爸爸……我愛你。」我看見，男子漢鬍子哥，眼眶紅紅的。

後來，還有第四次，六歲六個月，小學剛開學的第二天，他就進醫院報到了。醫生說，臨床上，八成案例發病在兩歲以內，只有少數的個案會在四歲以後還發生，六歲以上，幾乎難以看到。

一夜，一夜，又一夜，抱著小子徘徊在醫院，做檢查、來來回回、上上下下，我的手臂越來越強壯，從只會徬徨失措地哭泣，到能跟醫生冷靜討論處置方式，提出醫學報告跟過往案例，以及邏輯分析小子每次發病前後症狀。

我在醫院，看見一個又一個，如同我一般帶孩子看病的媽媽，我們不用對話，惺惺相惜望著對方，必要時候，幫忙留意診間號碼，提醒別忘了身邊物品，我們用眼神打氣，如果有誰哭了，就遞上面紙，一句話都不用說。

因為孩子，我們一夜長大，看懂了艱澀隱晦的醫學用語。開始學習身體免疫系統的運作機制，深入了解各大營養素與疾病之間的關連。我們再也無暇關心百貨公司周年慶，反倒對空氣汙染、地球暖化、環保綠化有一份刻不容緩的使命。

我們不再是那個「侍兒扶起嬌無力」的小女人，我們是隻手就能撐起一片天的女漢子，我們回眸一笑皺紋生，有了更多的憂愁，更多的思慮，憂國憂民憂天憂地，孩子啊，我將你帶來這個地球，但我能給你一個什麼樣的世界？

∴

腸套疊在醫學上大多找不到明確的病因，目前認為可能與病毒感染有關，只有少數是息肉、梅克爾氏憩室、淋巴瘤等因素造成。我們在台大兒童醫院進行深入檢查，吳嘉峰醫師安排我們照小腸鏡，小子很乖，要禁食、要喝難喝的顯影劑，百分百配合。影像報告上，小子的腸子看起來有個陰影，不知道是什麼。

醫生安排半年後再照一次。提心吊膽過日子，半年後，檢查報告出爐，腸子沒有異狀，很正常，查不出原因。醫生安慰我：「有時候，長大慢慢就好了。」

我們不敢隨意出國到太遠的地方，怕有個萬一，二十四小時內無法處理。從第一次腸套疊病發，就開始讓他學游泳，鍛鍊身體，暗忖著能把腸子拉長。不敢讓他亂吃添加人工化學的食物，怕一刺激腸胃，腸子又會開始撒野。

腸套疊無法預防，跟遺傳無關，跟飲食無關，跟有沒有吃益生菌無關，跟有沒有吃素無關，跟是不是吃太多肉也無關。

就是，機率。或，運氣。

人生很多事情是這樣的，找不到答案時候，只能一嘆，唉，就是運氣不好。

我想為這個世界多做一點好事，讓我的孩子能擁有多一點的好運氣。

我也想，為其他比小子更辛苦的孩子加油，為那些心力交瘁的媽媽打氣。

鬍子哥應該也是這樣想的，我驚訝地發現，信箱中，常常寄來他用兩個小孩名字捐贈給各大社福單位的感謝函。他從來未曾提過一字一句。

我才恍然發現，當我一夜長大成為鋼鐵女人的時候，本是鋼鐵男子漢的他，卻像快樂王子一樣，鉛造的心破碎了，開始看見世間每一個帶淚的靈魂。

∴

剛生小子的時候，我看過紀錄片《一首搖滾上月球》，講的是罕病家庭的故事，我非常感動，包下戲院請親朋好友粉絲全部一起看。後來，我去罕病基金會為他們講授說故事的課程。台下學生，有漸凍人、層狀魚鱗癬、馬凡氏症候群（蜘蛛人症）……他們拄著拐杖、坐著輪椅或躺在病床上來聽課。

課程結束，有位媽媽推著女兒來跟我聊天，女兒坐在輪椅上，媽媽告訴我，女兒出生第五個月就被判定是粒腺體缺陷，目前無藥可醫。

有次路上一位婦人無心地說：「她好可憐喔，上輩子不知道做了什麼，所以變成這個樣子，來到你們家。」

媽媽想了一會，回答那位婦人：「女兒在我們家，沒有吃過一點苦，她被好多人疼愛著，她上輩子一定是造了很多福，所以來到我們家。」

罕見疾病是基因遺傳上的一個意外，跟「上輩子造了什麼孽」一點關係也沒有。媽媽上輩子沒有造孽，女兒上輩子也沒有做錯事。

經過十三年，女兒現在可以坐輪椅出去兜風，每天做一百下仰臥起坐復健全身肌肉。媽媽樂天地說：「上次遇到一個算命的，他說我這十年行大運，做什麼發什麼，哈哈，女兒就是我的事業，我經營得很不錯吧！」

我離開時，女兒伸出手拿卡片請我簽名。女兒笑得開懷，十三歲的她，智商七歲，媽媽說她是這世界上最幸福的小孩。

我看著這位媽媽，充滿心疼與敬佩。

媽媽呀，在孩子面前，妳笑得比誰都大聲，妳想讓孩子知道，沒事的啦！天塌下來有媽媽在呀！

但我知道妳有眼淚，那些眼淚，只有在夜裡落下。

眼淚落下的時候，不用去擦。

就這樣吧！

讓它盡情地奔流。

一夜一夜，愛讓我們，一夜長大。

不過想要喘口氣……

那是一個狀況不斷的周日，小子小妞為一點小事情大動干戈，當時我剛從市場回來，在後陽台晒衣服，聽見裡面鬼哭神號。無奈放下衣服，先搞定兩隻，確定兩隻和平了，我又去把衣服晒完。

衣服剛晒玩，再一進屋，紙飛機滿天盤旋，飛機上還載著細碎的紙屑，紙屑如雪花漫天飛舞，我在雪花裡轉圈圈，一陣暈眩。

我扯開喉嚨，喊著：「好了好了，把客廳整理好！」一邊又忙著整理市場買回來的排骨、雞腿、青菜蘿蔔。

事實上，類似這樣的情形不是特例，兩個小孩的家，每天都有不同的忙亂。

突然，一架紙飛機撞上我的頭，細細白白的紙屑翩翩飛落，落在我的臉上，也落在洗水槽的豬骨頭上。

我的臉一垮，冷冷跟鬍子哥說：「你可以幫忙，請他們整理客廳嗎？」

鬍子哥收起手機，對兩隻警告：「媽媽心情不好了喔！」

我明明在市場逛街的時候心情很好，拎著食材在陽光下騎腳踏車的時候心情也不差，一回到家，看到哭鬧的小孩，亂七八糟的客廳，而惱公，正坐在沙發上悠閒滑手機，內心小火山已經開始蠢蠢欲動。

正準備想反擊，我還來不及開口，鬍子哥冒出一句：「我看只有把他們兩個帶開，妳心情才會變好。」

當下我十分錯愕。

可我也不諱言，偶爾，我會有這樣的念頭，想要逃離沒完沒了的家事，還有吵鬧不休的小孩。

想要消失一下。想要人間蒸發。

想要不跟任何人說話，想要躲在黑洞、樹洞、防空洞，任何一個可以藏身的洞，隨便都好。

沒生孩子之前，愚蠢的我真的不知道世界上會有一份活兒，沒有任何理由就是二十四小時待命、沒有任何抗辯就是不能辭職、沒有任何藉口大小雜事都是你的事。家務已經讓人忙得團團轉，育兒又頻頻凸槌，生活上沒有空隙，心情上也無法放鬆。沒有

Me Time，只有No Time。

很多時候很想喘口氣，很多時候又不敢喘口氣。

喘口氣，不過就是喘口氣。有那麼嚴重嗎？

有的。

有兩個戲劇作品一直縈繞在我心頭。

二〇〇九年，日劇《海容》（「像大海一樣包容」，臺灣翻譯為《愛與寬恕》），從一樁小孩殺小孩的案件，來探討家庭教育失當的蝴蝶效應。

遇害的小男孩清貴，小學二年級。

媽媽是家庭主婦，有天送清貴上學後，巧遇以前的朋友，朋友邀請她一起午餐，清貴媽媽想，好久沒跟朋友一起午餐了，就喘口氣吧！媽媽開心前往，吃了飯，還喝了下午茶，這一天媽媽比清貴晚十五分鐘回家。

就這十五分鐘，在家門口等待媽媽的清貴，被另一個五年級同學帶走，隨後遇害。

清貴媽媽完全崩潰了，只是想喘口氣，沒想到要付出這麼殘忍的代價。

輿論也沒放過媽媽，報紙寫的是：可憐的孩子，成了母親消磨午餐的犧牲品……

二〇二〇年，電視劇《我們與惡的距離》引起廣大熱議，由一起隨機殺人的案件，探討加害者、加害者家屬、被害人家屬、辯護律師、精神疾病患者等各方人物的心境與糾葛。

劇中最讓我不寒而慄的一場戲，是這樣的，宋喬安帶兒子看電影，看到一半，公司來電，喬安出去接電話，通話結束，她本來可以直接回到電影院陪兒子看完電影，偏偏一個轉念，她想在便利商店喝杯咖啡，放空一下，休息一下，喘口氣……

誰知道，戲院裡闖入殺人犯，隨機殺人，兒子天彥死了。

這兩位媽媽，從此陷入自責的深淵：我就不該跟朋友吃飯，我就不該喝那杯咖啡，老天在懲罰我……一輩子的懲罰……

媽媽的人生幾乎摧毀殆盡，但爸爸呢？

清貴爸爸一樣去上班，過著雖然悲痛但是仍正常的生活。

喬安的先生，也就是天彥的爸爸，在喪子之慟後，竟然外遇了，用下半身抒解了他婚姻上的疏離，還有喪子的悲痛。

我想我真的是病得不輕，我相信大多數觀眾看完這兩個作品，不會在意那「喘口氣」的陰錯陽差，但我就……很難受。

社會對母親的要求非常嚴苛，我們頌揚母愛的偉大，給母親無邊無際的責任、工作，然而似乎不容許母親有一絲毫犯錯。

這算不算是社會對母親的集體情緒勒索呢？因為妳是媽媽呀，妳應該要無微不至、妳應該要守護孩子、妳應該要任勞任怨、妳應該……

呃，媽媽求饒中。

∴

第一次被「喘口氣」嚇到，是小子四個月的時候。

那時候鬍子哥在上海，笨拙的新手媽媽我日日夜夜和一個日日夜夜都在哭的嬰兒綁在一起。

每日平均睡眠四小時，很久沒有擦過保養品，睡眠不足嘴裡都是破洞，頭髮白了一半，但不敢染髮，怕染髮劑會透過我的頭皮進到我的體內汙染了我的奶水，雖然沒有科學根據，但媽媽腦不需要科學根據，任何一個危言聳聽，都是認知不協調——理智上不相信，但是行為上很聽話。

小子一天要換尿布十次、餵奶六、七次，每次餵奶完要拍打嗝，常常小感冒的他餵奶完一小時又要拍痰。忙得我腰挺不起，手快抽筋……

老天知道我超想喘口氣……

案發現場是這樣：四個月的他已經會翻身，他喝完奶，順利睡著了，躺在大床上。我終於有了一點點空檔，火速衝到廁所。才剛坐在馬桶上，忽然就聽到「砰」好大一聲，隨即是驚天動地的哭聲。

我嚇得馬上拉起褲子往房間衝，看到小子摔在床下，哇哇大哭。

怎麼會呢？他剛剛不是睡得很熟嗎？會不會把腦袋摔破了？

手發抖打電話到樓下給老媽，驚慌失措地大喊著：「媽、媽……快、快來啊！」

老媽衝上來，一邊心疼小孩，一邊劈頭就是罵我：「妳怎麼帶孩子的？」

我委屈地說：「我只是想尿尿，我已經憋很久了！」

當媽媽是不能隨便去尿尿的……

妳的身體，不是妳的身體……妳的需求，不是妳的需求……

因為有個小生命依賴著妳，因為妳就是他的全世界，因此他必須要是所有事情的第一位。

除了他，無其他。

是不是長久以來「母親」都已經習慣這種根深蒂固的「應該」，所以當我想要喘口氣的時候，沒有理直氣壯，反倒是有著深深的罪惡感。

「如果我能忍住尿意不去廁所，他就不會摔下床了。」其實，這兩件事情沒有因果關連。正常一點的思考是：把小子放進嬰兒床裡，他就算醒了，也不會摔下來。

新手媽媽腦完全喪失理智的邏輯。

∴

罪惡感並沒有因為理智回來就不見，它不是冰淇淋，不是融化了就會消失。

印象深刻的一件事，大約小妞四歲的時候，那陣子家裡事情特別多。

連著好幾個白天，我在「女兒」的角色上，忙碌地帶老媽進出不同醫院，擔憂著老媽的病，同時要當「自己」，寫稿、聯絡工作。晚上，又變回了「媽媽」，做飯、理家。小妞連著幾個晚上半夜哭醒，一會皮膚癢，一會做惡夢，我無法入睡。某個夜晚，她屁屁痛哭醒，她在幼兒園撞到屁股。我安撫她、抱著她，又是整夜沒睡，心慌自責，是否太輕忽她的傷勢？也許骨頭裂了我沒發現？隔天一早，緊張兮兮帶她去醫院檢查，照X光，確定只是皮肉瘀青。

看完病，把她送去幼兒園。小妞嚷著不肯去。其實我可以帶她回家，我幾乎就要動搖，但是另一個聲音又在心底喊著：我好累喔，可以讓我休息一下嗎？媽媽已經連續好幾天沒有睡覺了……我仍舊狠心地把她交給老師，轉身就走。

每走一步，我的罪惡感就上升一格，走到捷運口，就滿格了。我竟然在捷運站口大哭起來。（現在想來還挺丟臉的……）雖然我好累好累，但是我應該要再撐一下……我怎麼會這麼壞，把她送去幼兒園怎麼可以有解脫的感覺……

∴

後來，我才明白，罪惡感其實源於過度的責任感，知道自己對一個生命有全然的承擔。

英國兒童心理學大師溫尼考特針對媽媽的罪惡感，用烹飪來做比喻，如果某個人一點都不懷疑他煮的東西，那他對做飯可能並不感興趣。

如果開始懷疑，鹽巴會不會加太多？要不要勾芡？是不是應該撒點蔥花？那他的烹飪之路就有希望了。

溫尼考特說：「恰恰就是這種罪惡感，才讓她如此敏感，使她質疑自己。我也確實發現，有些父母並不具備這種感受罪疚的能力，而且當孩子生病時，他們甚至會視而不見。」如果對孩子一點罪惡感都沒有，覺得所有事情都沒有問題，一切都是正常的，極有可能無法偵測到孩子需要幫助的地方。

罪惡感有時是好的。

喘口氣也是。

我不想像消滅病菌一樣消滅罪惡感，也不想自己像個鋼鐵超人從不需要休息。我還是習慣苦撐，但是撐不下去的時候學會求救跟擺爛，我想我會過得很好的。

一個媽媽長大的時間

婚前，是穿著波希米亞風味的長裙，羅馬涼鞋交纏到腳踝，穿梭在戲劇院、城市舞台、小巨蛋的偽文青。我那詩意、高雅的「文藝魂」，在生了兩個孩子後早就魂飛魄散，到中正紀念堂都是遛小孩，恨不得他們快點累昏，哪裡還能附庸風雅地跨進國家戲劇院？

終於在當媽第五年，我將第一場舞台劇約會獻給《蘭陵四十：演員實驗教室》。

應該要從出發前開始寫起。

有了兩個孩子，周末是家庭日，夫妻兩人不可能放下小孩出門，家裡總要有一個人留守。偏偏，蘭陵四十的舞台劇《演員實驗教室》演出，只剩一場，在星期天下午。

「你有可能跟我去嗎？」我問。

「兩隻怎麼辦？」鬍子哥傷腦筋。

「婆婆有可能幫忙帶一下嗎？」

小子與小妞合體的破壞力名揚四海、威震八方，究竟令人驚恐到什麼程度呢？這實在沒什麼好誇口的，我跟你講件事，你就可以窺知一二。

某年除夕，我致電婆婆：「媽媽，中午我先把小孩帶回來跟妳玩，好不好呀？」婆婆如臨大敵，馬上回拒：「不要不要，妳千萬不要把兩隻帶回來啊！我們晚上直接餐廳見就好！」

我哭笑不得，老人家哪個不盼含飴弄孫？偏偏我家兩皮蛋不讓人隨便「弄」，倒是捉弄人的功力高強，害婆婆大人即使在團圓氣氛濃厚的除夕日，也驚慌得能閃就閃。

但這次，婆婆大人大發慈悲，願意幫忙帶孩子，我們出發看戲去了。

∴

拖著不安（為婆婆的處境堪憂）與愧疚感（拋下兩隻），我們總算坐在國家戲劇院裡面。我僥倖買到一樓第十二排的位置，視野非常好。

超過一半的故事，源自於家庭。

家是生命過程中重要的初始。我們最想回去，也可能最想逃離的地方。激發我們潛能，也可能汙衊我們夢想的地方。

大概是當了媽，我在看阿多的故事「裙子與蓋子」，大笑出來。

當年阿多在美國學舞台表演，有個橋段是孩子生病在加護病房，她必須「很憤怒」地去質問先生，偏偏阿多是個優雅有禮貌的孩子，她的「很憤怒」，怎麼看都「不夠憤怒」。

美國導演對她激動咆哮著：「知道什麼叫做憤怒嗎？打從心裡爆發的那種情緒，像是內在有個大火爐，火氣沸騰，蓋子都在嘎嘎響，妳就要讓蓋子瞬間爆掉！」

阿多一頭霧水。

導演繼續咆哮：「想想妳媽罵妳的那種樣子！！」

阿多縮著身子，怯生生回答：「可是我媽從來不生氣，她說話好溫柔……」

美國導演立馬憤怒甩本，離開前看向練習場的同學吼著：「無藥可救了，你們誰誰誰去幫幫她。」

一個男同學，突然走到阿多身邊，不知道是故意作弄她，還是真心想幫她掀蓋子，男同學用力掀開阿多拘謹的裙子……阿多受到驚嚇，在舞台上難堪地哭了出來。

多年後，阿多當了媽媽，她似乎未曾真正體悟蓋子掀開的感覺。

直到有一天，她收到電話費帳單，她那即將面臨考試的國三兒子，偷偷交了一個女朋友，阿多打開電話費帳單，一萬五千元！

瞬間，腦門充血，一秒內，她的蓋子被掀開了。終於她懂了掀蓋子的感覺。

阿多的結語是：「我的兒子，比那個美國導演厲害多了！」

原來每個優雅的女人，遇到兒子，都會有抓狂失態的時候，我真不需要無地自容。有了孩子以後，常常掀蓋子，有時候早晨剛掀完棉被起床，我就被小孩掀蓋子了。小孩三分鐘一小鬧，五分鐘一大鬧，開開關關開開關關，乾脆別蓋了！透透氣挺好，至少不會變成悶燒鍋。

∴

另一個故事，劇場大師馬汀尼老師的故事。

每次戀愛，她總是一開始就輕挑地警告對方：「不愛，就ㄘㄟˋ囉！」

她談過無數次戀愛，蕭灑自在，即使有了未婚夫，她仍舊和外遇對象去大度山看日出。

直到有一天，未婚夫等她回家，聽她撒謊，未婚夫拋出一些問題：妳希望我們保持開放的關係，身體跟誰睡都沒關係？或者，妳希望我們互相隱瞞？或者，妳希望我們解除婚約？

就在那一天，馬汀尼沉坐在客廳，恍惚間看見一個女人騎馬呼嘯而過。猛地她忽然明白了，那個女人就是她，青春時期的她。

原來她害怕的是伴隨著青春消失而失去的自由，她對這樣的消失感到不知所措。有了深層的認知以後，她決定走進婚姻，今年已經結婚二十五周年。

是不是最大的勇敢，就是長大？

是不是我即使有了兩個孩子，還是一直不願意長大，沒有真正面對現實，所以在育兒的過程裡，難受的時候比享受的時候多？

是不是我處在生了孩子失去自由的恐慌裡，這種不知所措即使五年了，我還是適應不良？

好吧，可能以上皆是。

那我就承認了吧！

雖然不知所措，我畢竟也在自我與家庭的矛盾掙扎裡養了兩個孩子，在熬夜賣肝下完成工作，現在竟還能偷閒小倆口出來看戲，是多好的小確幸。

既使一直遊走在憤世、厭世的邊緣，但是小孩健康可愛，畢竟是萬幸。

還有另外兩個故事與親子關係有關。

影后楊麗音陳述她與父親決裂，父親用鐵鎚將她釘死在房間，她逃出那個房間，從此不再回家，直到父親六十大壽，發邀請函請她回家。她沒有再多說，回家以後發生了什麼事，我好想知道，父與女怎麼破冰的？

電影人王耿瑜在大四那年降轉大二的文化影劇系，媽媽從不諒解到默許，她在媽媽逝世後到房間整理照片，看見媽媽在照片上寫給她的話，媽媽說能做自己喜歡的事情，是最棒的，她很開心女兒當自己的主人。

我想要什麼樣的親子關係呢？

向來自由自在、討厭管人的我，當了母親，迫不得已要教養孩子，要好努力去當一個媽，雖然不知道什麼是好媽媽，但是心裡卻一直覺得自己不夠好，對孩子不夠有耐性，動不動就掀蓋。

我還在失神亂想中，舞台上揚起一首歌，優人神鼓創辦人劉若瑀的孩子自己創作的〈謝飯歌〉。

她啊，悠揚地唱著：

「花椰菜的生長期是六十五天
紅蘿蔔的是八十天
小番茄 需要九十天
黃豆的要四個月
芭樂 長成樹 至少一年

一粒米從稻穗長出的時間
一個人做豆腐、做泡菜的時間
做醬油、做醋需要的時間
還有煮一頓飯的時間

那吃一頓飯只有多少時間
讓它來乘載無限感恩
無限的尊重

與不可思議」

時間，時間，養孩子的時間。
一個媽媽長大的時間。
青春消失的時間。堅韌發芽的時間。
耐性，要有耐性，等待小孩長大，等待媽媽也長大。

謝幕了，我在淚水中起身鼓掌。
才發現蘭陵劇坊創辦人吳靜吉先生坐在我身後。他曾說過，生活就是實驗，當媽媽的我格外能感受。
每一天與小孩的相處都沒有劇本，每一個與小孩的應對，都是一場實驗。
溫柔加上堅定。
或者，嚴厲加上深情。
或者，溫柔堅定加上嚴厲深情。
哪一種配方會有最好的結果？沒人知道。
生活實驗，講究的是過程。

沒有結果。無從結果。

一切都是過程。

金士傑導演在表演節目單裡表明：這個戲，當年上台大家是二十到三十歲，如今每個人都加上三十五歲，大家不約而同地鬆了、疏了、起皺了、下垂了，然而每個人口袋裡身分證「籍貫」欄裡填寫的，仍是舞台兩個字。

媽媽啊媽媽，鬆了、疏了、起皺了、下垂了，還是媽媽。

高分的也是，不及格的也是。

給媽媽時間。

當一個好媽媽，要比花椰菜的六十五天還長一些。

養成一個孩子，那比收成千千萬萬的稻穗還久。

我們都懷著感恩的心，尊敬地等待，好嗎？

從戲劇院彈飛回婆婆家接孩子，我答應過小妞：「短針指到五，媽媽會回來。」得來不易的蘭陵四十，得來不易的一場約會。

我們回家做飯吧！

當他離開的時候

還沒結婚前，我想要三個孩子。

塔羅牌裡頭，數字三是皇后，象徵意義是創造、豐收，也是慈愛。老子《道德經》裡，一生二，二生三，三生萬物。三是屬於廣袤的宇宙，代表無限可能與生機。

我想有三個孩子，一家五口，熱熱鬧鬧。大概是小時候父母離異，家裡太過冷清，以為人多就能把那些孤伶伶的感覺驅走。

初識鬍子哥，他是馬來西亞華僑，落居台北。而我出生台中，亦隨父母搬來台北。漫長歲月中，他住街頭，我住街尾，從同一個捷運站出來，他右轉，我左轉，活脫脫演繹了幾米的繪本故事《向左走．向右走》。我們讀過同一所小學，同在這個城市兜兜轉轉，各自經歷青春的張牙舞爪，在捷運上擦肩千百回，兜啊兜、轉啊轉，終於在城市落葉紛飛的秋天，兜到對方面前。

檳城距離台北兩千多公里，馬來西亞華僑背後凝聚著一整個大家族，伯伯叔叔姑姑嬸嬸阿姨好多人，我被這些親戚稱謂搞得暈頭轉向，老是叫錯人，內心卻有種暖暖滋味。阿嬤過一百零五歲壽宴，一百多位子孫從全球各地飛回檳城，歡聚一堂，女的著旗袍，男的穿功夫裝，父執輩捐錢蓋學校，把榮耀歸功阿嬤。這是一個講究孝道、人情凝聚的傳統大家庭，在鼓勵創新與顛覆的年代，這樣老派的大家庭卻讓我怦然不已。

閨密中有人咋舌，這年頭，誰想嫁入大家庭啊？

有喔，我我我！

我喜歡大家庭，我想要一個大家庭，有一二三，三個寶的家庭。

偏偏事與願違，婚後快速生了兩個孩子，對於當媽生活適應不良，產後憂鬱如影隨形，工作家庭兩頭悶燒，是我太天真了，城市裡的職業婦女，喘口氣都難，原先期許的五口之家無法往下發展，我深深懷疑，再來一個孩子，我會不會瘋掉？

結婚第五年。

適逢一月，一年的初始。

婦科超音波上出現小小的黑點。

有些慌亂，日夜疲累於兄妹兩人的食衣住行，哥哥時不時的情緒炸彈，妹妹動不動的夜哭。完全在意外的狀態下，發現他來了。

我愣怔著，一二三，第三個寶，我人生想要的，都要擁有了嗎？

過年期間，整個家族從台北南下，齊聚日月潭，享受完日月行館的下午茶，一家人開開心心登頂樓觀湖景。我還記得，我穿著紅色的大毛衣，喜氣洋洋。

老哥拿出自拍棒，要幫全家拍自拍。人數太多了，畫面幾乎塞不下。

「明年又多一個人喔！」不知道誰說。

「就更塞不下了啦！」不知道誰回。

前方有六十米高的玻璃空中步道，四歲的兒子拉我去探險。站在透明玻璃上，我低頭往下看，懼高的我，嚇出一身冷汗，雙腳軟弱無力，如果稍有不慎，下一秒就會發生不好的事。

害怕墜落，害怕抓不到求生的東西，這種不祥的預感，讓我把腳收回來。

此時，老天應該在高高的雲上嘆息，祂時不時捎一點暗示給我，我沒有接收到。

某天晚上，我做了一個夢。

夢中，我懷著身孕，小腹已經微凸，不知為何在海上漂流著，悠悠晃晃，舉目望去，一片汪洋，看不見彼岸。白花花的水波，赤裸裸的我，沒有座標可依，我在哪裡？該去哪裡？

莫名的恐懼油然而生，想抓點什麼，什麼都抓不到，隱隱約約，感覺有大片亮亮的光照拂著我，海水一波一波襲來，浸濕我的臉，頭髮黏糊糊掛在臉上，揮之不去。

隨著海浪浮浮沉沉，手捧著肚子，想吶喊，可是出不了聲，忽然一個大浪猝不及防打來，瞬間，我被海水吞沒……

驚醒，天還沒亮。

雖然我常常在半夜醒來，但那個夜晚感覺格外不同，夢在心底鑿了一個洞，像愛麗絲夢遊仙境的兔子洞，神祕與未知交纏著，墜下去會是另一個世界。

我趕緊起身查看，兩個小孩睡得深沉，鬍子哥也在打呼。

打開窗，台北盆地依然徐緩呼吸，抬頭看看，確定星星、月亮都還高掛在天上。鬆口氣，說服自己，其實這個夜晚跟其他的夜晚，並沒有什麼不同。

∴

過完年，一邊準備工作，一邊努力吞葉酸跟孕婦維他命。

這是一場重要的授課，地點在士林外雙溪，主辦單位籌劃許久，來自各地上百位學員名單已經送來，我亦兢兢業業，重新架構授課內容，補充許多教材，這是和腹中第三寶的初次登場。

很快地，預定產檢的日期到了。

躺在診間，醫生為我照超音波。

「寶寶長大了嗎？」我興奮又忐忑地問。

「嗯……我換個角度再照一下……」醫生言詞閃爍。

僅僅一秒鐘，我知道，有狀況。

「沒有長大。」醫生平靜地說。

「會不會只是暫停了一下，下次來就長大了？」眼淚一直流。

「除非奇蹟。」

醫學上來說，這叫自然淘汰。物競天擇、適者生存，不好的胚胎，不會被身體留下。

「剝落的時候可能會劇痛，或是血崩。」醫生解釋。

我固執地想等他自己離開我的身體。可是，隔幾天就要授課，步上講台一站要一整天，他會不會就選在那個時候？我要在眾目睽睽下，劇痛、血崩，用驚慌失措的心情送他離開嗎？

醫生建議：「就手術吧！」我盼不到他的出生，甚至沒辦法等他自己離開我。

約好手術的那天，正好是元宵節。

辛棄疾寫的元宵夜是「東風夜放花千樹，更吹落、星如雨」。

輝煌的燈火啊，像是把天上的繁星吹落，陣陣星雨在這天落入人間。

而我的寶寶啊，在這天到天上當了星星，孤獨、渺小，掛在遠遠的天際，媽媽擁抱不到的地方。

是不是我不夠好，所以他反悔了？是不是和老公時有摩擦，寶寶絕望了？

自然淘汰，我才是被淘汰的那一個。

二〇一七年，台北燈節初次在舊城西門町舉辦，手術完不久的我，攜著兩稚兒擠在人群中，人潮一波波推擠著我，像浪花一波波擁來，嘈雜人聲一陣陣似水紋流竄，我彷彿回到那個被淹死的夢中。佛洛伊德認為水跟子宮有關，榮格認為水預示著創造力的泉源，夢見淹死，可能意味著想要忘記一些事情，創造一些新的開始。

我想忘記什麼？創造什麼？

∴

一直無法跟人談論，小產的事，直到，學姊來找我，她是位心靈澄澈透明的女子，長年修行，屬於靈性姊妹。

「關於妳的出生，妳有過什麼想法嗎？」學姊聽完我的事，溫柔地問我。

我的出生？我沿著記憶繩索，往前頭爬，爬到最初的源頭，那個結是如何打上的……

「小時候，我很氣他們生下我……」

「為什麼？」

幾乎忘了，有很長一段時間，我氣父母沒有徵得我的同意，就把我帶來這個痛苦的世界，我也幾乎快忘了，小時候一點也不想活到二十歲。不懂事的年紀，老媽言之鑿鑿，離婚時候，大家長輩根本沒有人要爭孩子，我是不被要的小孩。原來在母親子宮裡能被物競天擇的自然留下，不見得能被世事滄桑留下，我還是列位淘汰，早與晚的差別罷了。此後芳華正美的老媽，帶著拖油瓶掙活，怨氣沒少過，我也沒讓她滿意。

原來，有些傷口，沒有消失。它只是淹沒在日常生活的風平浪靜中，當水退去，它會出現。

那是一個預知夢。

海水代表羊水，淹死的我，其實代表的是寶寶。

「妳一直很氣妳爸媽沒經過妳同意就生下妳，因此，妳的這位寶寶（另一位妳），倒是很酷地完成了妳的心願。妳怎麼能沒經過他的同意就生下他？因此他很酷地選擇離開了。對於他或妳的靈魂而言，都是一次心想事成。

「所以，妳現在是什麼感覺呢？妳有沒有藉著妳的這位寶寶，用更高角度去體察身為胎兒父母的心情？妳對妳出生來到人間感到遺憾，但是真是如此嗎？

「生命是個迴圈，就像英雄旅程一樣，死亡即是重生。這位寶寶天使邀妳藉著這次機會，省思一下如何重生？」學姊這樣說。

∴

多年以後，看到韓劇《雖然是精神病但沒關係》裡面有個繪本故事，一個天天做惡夢的少年，去向魔女請求，洗去這些不好的回憶。隨著少年長大，就算已經不做惡夢了，但他依然不快樂。少年向魔女抗議，為什麼不好的記憶都刪除了，還是不快樂？

「痛苦的記憶、後悔的記憶、傷害他人與被人傷害的記憶，唯有將不好記憶埋藏在內心深處過活的人，才能變得更堅強、更熱情、更有韌性，只有那樣的人，才會得到幸福。」

說到底，是共處，是接納，同時是轉化與開悟。

我承認，自己未經允許就被帶來這世上的怨氣。

我接下它，同時放下它。

無能為力擁有一個快樂無憂的童年，亦無法從朝氣勃勃的青春期感到歡愉。挫敗與心碎交錯出現，這樣的經驗，或許會讓人更有韌性、更懂得愛。

我也感謝，在捉襟見肘的日子裡，父母依然迎接我誕生在這個世界，我才得以經驗繁華人間的美麗與蒼涼，或許在家庭的拆開與組合上，有被選擇的遺憾，但我從來沒有被愛淘汰。

換上靈魂的角度。

傳說，出生前，每個寶寶都在雲上，找尋想要的父母。所以，其實是我的意志，選擇誕生在這個家庭，只是這一世愚昧的我忘記了。

我並不是被擺弄的棋子，我才是棋手。

若是靈魂能預知，這一世就是我出給自己的功課。

重新回到一個母親的身分，寶寶消失了，但他時時刻刻提醒我，珍惜身邊的兩個孩子，生命能健健康康誕生，細胞分裂成人成體，好手好腳、有魂有魄，都不是理所當然。我能一路過關無災無難長成現在的樣子，又需要宇宙天地多少的祝福。

當他離開的時候，我恍然明白，我為什麼到來。我們更加緊緊相擁，擁抱他如同擁抱稚年的我，彷彿我又誕生了一次，被呵護、被珍惜，是捧在手心裡的寶。

PART · 3

我的孩子
不是
我的孩子

鬱兒史——從金星到火星的宇宙漫步

有一種情懷，需要歲月，有一種謎底，需要時間。

有一種抑鬱，只有「兒子的媽」能懂。

可能是胎次問題，老人家有這麼一說，頭胎格外難養。

可能是經驗問題，因為是第一次養孩子，沒有經驗，所以常常被駭得目瞪口呆。

也可能是小子問題，或許他特別淘氣？看別人當媽媽好像活得好好的，怎麼我常常氣如游絲？

又或者，是「兒子」問題？是「女兒」應該就不一樣了吧？

總之，挫敗感一陣一陣襲來，時不時推我進五里霧中，茫茫然不知所以。

看許多書，聽老人言，仍抵不住每一次案發現場血淋淋的考驗。

因為兒子，我一夜白髮，感覺命都變短了！本以為是自己大驚小怪，後來發現，這是竟然是真的。

英國《每日郵報》報導，芬蘭的研究團隊發現生了男孩的媽媽平均會少活八・五個月生命，可能是因為懷孕時候體內的睪丸酮含量更高，導致免疫系統變弱。這可能也有社會與文化的因素，因為女孩會給媽媽額外幫助，但是兒子嘛，嘖嘖，需要一點輔導。

哀傷的是，兒子媽的鬱卒，老公是無法理解的。

因為研究顯示，爸爸不會被任何兒子的事情影響。

這份短命研究尚有爭議，不過韓國有位只教「男孩」美術的老師崔旼俊，他出了一本書《致，被兒子搞瘋的媽媽》，裡面有段描述寫得挺傳神：

兒子的大小事都會對媽媽造成壓力……無論如何都無法理解某種行為時，所產生的鬱悶和晦暗……當媽媽猜不出兒子是以什麼樣的心態做這些事的時候，她就會迷失方向。

「警告：有不好的事情要發生了！」曾經養過兒子的媽媽，腦中總是充斥這樣訊息。然而，到底有什麼不好的事情要發生了，卻又無法明確地表達出來，這是每天以及每個瞬間都在發生的事。

仔細想想，男人來自火星，女人來自金星。男的與女的有差異，老的與小的，也有代溝。那麼「小男孩」與「大女人」的雙重隔閡，互相充滿不能理解的謎，似乎也是情有可原。

來自金星的媽媽，要能夠理解並教育來自火星的兒子，困難重重，因為是媽媽單向的努力。不像談戀愛，男人與女人是雙方共同努力拉近距離，走在一起。

媽媽對兒子，那幾萬光年的距離，得由媽媽一個人獨自穿梭浩瀚宇宙去靠近。那蒼茫的孤寂，眼淚常不自覺湧出……聽說在太空流淚會格外地痛，一滴淚水，背後是兩倍的疼。（拭淚ing）

小子上小學之前，我的育兒史，活生生是「鬱兒史」，哪怕我努力執行著教養書上的種種方針，我還是憂鬱到不行。

其中，有一件榮登抑鬱排行榜榜首的事件。

案發現場是沖繩……

那時，小子四歲多（正確來說是四歲五個月），我帶著他與妹妹到沖繩旅居。閨密小花帶著兒子小獸來找我，與我做伴。

某天傍晚，小子、小妞、小獸，三個孩子在浴缸裡泡澡，玩得不亦樂乎。小花是業餘攝影師，馬上掄起單眼相機，捕捉孩子童真的笑靨。

我在外頭整理房子，聽見浴室裡面傳來小花的警告聲：「你不要噴水喔，阿姨跟你說不可以，你不要這樣喔！」

我深感不妙，忙不迭轉去浴室，果然，小子正嘻嘻哈哈對著小花「噴水」，所謂的噴水，是把浴缸的水含在嘴裡，然後朝小花吐。

我諄諄告誡：「你喜歡的玩具不喜歡別人破壞，所以小花阿姨的相機，你也不能破壞。你想玩水，我們每天都有去海邊，你可以在海邊玩水。」（按照教養書，在說「不可以」的時候，要提出「可以」的方案。）

隔天吃完晚餐，小花帶小獸出去散步，屋裡剩我跟兄妹倆。兩隻在浴缸泡澡，但好景不長，小子變身成一頭噴水獸，臉頰鼓漲漲飽含著水，呸呸呸，越噴越凶。小妞氣呼呼。

「不要再噴了！」我拉高了分貝。來不及了，水注冷不防在我臉上碎開，瞬間我滿臉水痕。我按捺住胸中的怒火，「你不肯停手，那你不能再待在浴缸，你出來！」（教養書指示，馬上帶離現場。）

我把小子從浴缸裡撈出來，小子又扭又打：「我不要出去，我還要玩！」

我拿布抹去我臉上的水，和緩地問：「昨天你吐小花阿姨口水，媽媽已經告訴你不可以，說過一次、兩次、三次，為什麼今天你還是吐妹妹、吐媽媽？」（不要急著指責，務求冷靜查明原因。）

「我吐的不是『口水』，是『水』。」

「你把水含在你嘴裡，就是口水。而且，不管是口水還是水，都不能朝著人噴。」

「可是鯨魚都是這樣噴水的。」他不服氣。

「但是鯨魚噴水是從背上，不是從嘴裡。」

「可是鯨魚就是從『洞裡』噴的啊！我的嘴巴就是洞啊！」

「但是你不是鯨魚，你是人。」

「可是有洞就可以噴水啊……」

「但是……」

我們「可是」、「但是」無意義的爭論了一番，他一直不懂他為什麼不能朝人噴水（或呸口水），我也一直不懂他為什麼不懂。

「如果媽媽用口水噴你，你會開心嗎？」試試換位思考吧。
「會開心啊！」他理所當然，我錯愕無言。
「但是媽媽不會用口水噴你，因為那不禮貌。」我把癱下來的臉皮拉一拉。
「為什麼不禮貌？」
「因為噴水，別人會覺得不舒服。」
「可是妳噴我，我不會不舒服啊，那妳就沒有不禮貌啊！」
咦？這一來一往，我被他兜得頭都暈了，腦筋開始打結，語言系統當機紊亂。
我決定直奔結論，拿出強硬態度：「反正媽媽說不可以噴口水，就是不可以。」
「媽媽妳最討厭了，我不要理妳了啦！」小子開始大哭，在地板上打滾。

來自火星的小男孩不要理我了。啊，我好疲累啊！
小子的「不理我行動」進行著，我逕自帶著妹妹回房間去。我們都該冷靜一下。
小子見我不理他，他反倒湊過來我身邊求和，抽抽噎噎地：「媽媽妳理我好不好？」

見機不可失，我收拾自己的鬱悶的心情，馬上摟起他，溫柔地循循善誘。

呸口水事件從案發、爭吵、冷戰到和好，已經折騰兩個多小時，睡覺時間轉眼到了。我重振精神：「好了，你們一人去拿一本故事書，準備說故事睡覺了！」

小子就坐在我懷裡，乖巧聽話，方才又哭又鬧兩個多小時的「半獸人模式」已經成功切換成「小天使模式」。我慈暉滿照說著故事，講到一半，突然，我眉頭一皺……

我感覺，不，我真的摸到，我的腳上，有濕濕滑滑的不明液體。

我相當困惑，同時心中漾起一絲懷疑……

不，不，不，不願相信的事情說三遍。

偏偏，我低下頭，就在我腳背上，三滴透明的液體顯而易見。

我指著液體，認真地問小子：「你知道這是什麼嗎？」

小子報我一個燦爛如花的笑容，高聲回答：「口水呀！」

口水呀！

口水呀！

口水呀！

三個輕鬆的發音，像魔咒一樣轟然迴盪在我耳邊。

「你……吐口水嗎？」我簡直不可思議地問。

「對呀！」他說。

整個夜晚，耗盡我洪荒之力，打散我三魂七魄，到如今，他依然能夠嬉皮笑臉，呸出三滴口水？蒼天有眼，叫媽媽怎麼活？

小花在午夜回來了，我正失神蜷坐在角落，像被一百道閃電劈過，我將事件娓娓道來。

「天啊！妳看到最後那三滴口水，妳沒有崩潰嗎？」小花瞪大了眼睛，匪夷所思。

「我異常冷靜，完全不知道該有什麼反應。那已經完全超越地球表面上我所能理解的邏輯。我畏懼地看著我兒子，這個從我肚子裡生出來的生物體，想著不知道他是從火星、海王星，還是阿卡貝拉星球來的外星人，我就狠狠打了一個冷顫。」

好了，這就是我的鬱兒史。

在他半獸人蛻變成人之前，我也努力學習當媽。

兒子仍舊是無法一眼看穿的謎，我在迷宮裡面找尋出路，走錯一點路，再修正新的方向。那些我不懂的謎，在多年之後，自然會揭曉謎底（吧？）。

我的小小火星男，我從金星出發，慢慢前往你的星球。

漂浮在失重的太空裡，你是我唯一的引力。

你可能還很遠，我一時無法抵達。但我就在途中，我來，你等我。

我的寂寞和他的不高興的麵

雖然孩子二十四小時在身邊打轉，日常生活親近不可分割，但是，親近不一定能親密。有時候，孩子明明就在眼前，密密牢牢眼耳鼻眉看得仔細，可一旦伸出手想擁抱，卻又像天邊的山嵐輕煙縹緲。一觸，就飄飛了。

每當那樣的時候，我會覺得寂寞。

那天，寂寞是這樣來的。

我們在大阪旅行，在大阪城公園玩溜滑梯。買了雞肉串燒、明太子飯糰、粉紅色桃子啤酒，坐在樹蔭下乘涼，我拿出包包裡的書《我的猴兒子》，佐野洋子說：「毫無疑問地，我相信我很愛孩子。但是，我對孩子的愛是否足夠？是否恰當？這個問題會讓我感到慌張。」

親愛的佐野洋子啊，妳的慌張我都懂，那也是我一直以來的慌張，不過這幾天的旅途順利，讓我安心不少，小子不就長成了一個能溝通的旅伴嗎？

如今，我嘴角露出微笑，抬起頭，什麼也不用做，只是靜靜看著小子爬高、滑下、爬高、滑下。

下午一點多，查了一下Tripadvisor，就在公園對面有一家很棒的烏龍麵。

「走吧！寶貝！我們洗洗手，要去吃飯囉！」我高昂喊著。

牽他走到洗手台前，我才要開水龍頭，他忽然臉色大變，扭啊扭啊，掙脫我的手，鬧著大喊：「我不要洗手。」

「你為什麼不要洗手？」我嘗試了解原因。

「反正我就是不要洗手。」氣呼呼的臉無比堅持。

「不行！手髒髒一定要洗手。」給不出理由，我只有更堅持。

他奮力一把推開我，嘶吼著：「妳不要逼我做我不想做的事！」然後生氣地跑開我身邊。

我呆愣在原地，隨即我上前要抱他，他不肯，委屈哭著：「我不要洗手，妳為什麼要逼我？我就不要洗手嘛！嗚……」

「可是手裡有細菌啊，會讓你肚子痛，你平常都知道要洗手啊，今天為什麼不洗手？你跟媽媽說？」

他不肯說，一逕地哭。我安慰他：「你先冷靜下來，深呼吸、深呼吸。」起不了作用，他還是哭。我們僵持不下。

我沒輸。對，我沒輸，又一次地沒輸。

我求救似的回頭看鬍子哥，鬍子哥正好往這走來。鬍子哥用爸爸專有的沉穩態度，蹲下來，穩住小子：「你先不要哭，有什麼事情跟爸爸說。」

「媽媽逼我，我就說了我不要洗手。」

「為什麼呢？」

小子願意說了，哭著解釋：「廁所很髒。」

我挫折無比，好像被打了一記悶棍，內心OS不斷：為什麼我問的時候，你不願意說？爸爸問，你就願意說？我似乎是個無能的媽。

我輕喟一聲，有氣無力：「廁所不會髒啊，媽媽剛剛去過了。」

「很髒、很髒、很髒！」他用力說三遍，聲嘶力竭地哭，小臉漲紅紅。

鬍子哥繼續安撫他：「剛剛媽媽帶你去的是女生的廁所，現在爸爸帶你去男生的廁所看看。」小子抽抽噎噎，鬍子哥牽著他走進男生廁所。

我站在廁所外面等。

陽光竟然還是燦爛的。

我的心情明明爛透了。

沒多久，鬍子哥帶著小子出來，小子竟然洗完手，而且不哭了。

我看傻眼。

鬍子哥輕聲解釋：「水龍頭出口下方有一點髒髒的，他比較矮，從他那個高度才看得見。」

「但是洗個手有什麼關係呢？」

「潔癖嘛！」鬍子哥幫兒子說話。好吧！潔癖。只怪我平常家裡廁所刷得太光亮。

我伸出手想去牽小子，他閃躲，還在生氣：「我不要媽媽，我討厭媽媽。」

鬍子哥出來打圓場：「跟媽媽和好好不好？你們抱一下。」鬍子哥示意我，我忍著千刀萬剮的心，擠出一個無傷大雅的笑容，敞開雙臂迎上前。

「我不要！」小子絕然一甩頭，我敞開的雙臂瞬間冰凍，片片碎裂，在烈陽下溶成一灘悄然無聲的水，沒入沙地，靜靜地。

來到公園門口，過了馬路，就是烏龍麵店。

可我們三人就杵在大阪城公園的門口，小子趴在花台邊，倔著，說什麼都不肯跟我和好。

陽光在路的盡頭。烏龍麵就在馬路對面。我們跨不過那條馬路。

他有小小的倔強。我有小小的寂寞。

太陽驕炙，大約攝氏二十八度，我戴著草帽，汗順著臉頰而下。

就這樣耗在這裡。耗在我沒讀懂他眼中的廁所，耗在他無法處理的情緒，耗在我無法安撫的窘境。

明明就在我眼前。

這麼近，那麼遠。

這一刻，我感覺寂寞像經過的路人，時不時對我張望。

原來世界上最遙遠的距離，是我生下你，我卻不完全能夠懂你。

鬍子哥：「你跟大人這樣的態度是不對的。」

小子：「我、我不要理你們了。你們最討厭了，我不要理你們，再也不要理你們，每次都要逼我做我不要做的事，我不要理你們了。」

在重複多次「我不要理你們了」以後，鬍子哥板起臉孔，認真問他：「你確定你不要理我們？那爸爸媽媽以後也不要管你囉？」

小子決絕地：「我不要給你們管。」

「好，那從現在開始一個小時，你都不要理我們，爸爸媽媽也不要管你了。」鬍子哥狠下心，我們要跟小子「絕交」一小時。

我和鬍子哥準備過馬路去烏龍麵店，我頻頻回首，擔心小子沒跟上。我們往前一步，他就追上一步。鬍子哥停下來，慎重問他：「你很難過、很不高興對不對？其實你還是希望爸爸媽媽管你對不對？」

小子哭著回答：「對！」

鬍子哥：「那下次不可以再說不要理我們。爸爸媽媽聽了會很難過。」

小子抽抽噎噎地承諾：「好！」

我們的「絕交」其實不到十分鐘。我鬆了一口氣。

我們在麵店午休前進去，趕上最後點餐時間，鬍子哥、我、小子，安安靜靜地吃著麵，經過這一段折騰，我們都有些虛脫。

後來，小子告訴我，這家麵店叫做「不高興的麵」。

我覺得，配上我的寂寞，剛剛好。

∴

這是小子四歲的事。他是從我肚子裡出來的孩子，我們用臍帶相連，他流著我的血液，是我的肉中肉，可是從誕生以後，就像是瓜熟落地，這個瓜跟這棵樹，連長相都不全然一樣，瓜不明白樹，樹也不理解瓜。

孩子誕生之後，就是一個獨立的個體。有他自己的意識、他的靈魂、他的脾氣、他的情緒。我應該早點體認這點，我就不會因為「我應該了解他，但我卻完全不了解他」，而感到沮喪。

他有他過不去的坎，我不用大驚小怪，也不用莫名自責。

至少我知道，他不是討厭我、不是故意刁難我，他只是怕髒。僅此而已。

雖然知道這個真相之後，我感覺更寂寞了……

原來是高敏感

我是慢慢地，才了解「高敏感」這個特質。

一切開端是意外讀到日本醫生作家的《開啟高敏感孩子天賦》，憨慢的媽媽我才發現，小子「可能」是一個高敏感小孩（HSP，Highly Sensitive Person），是一個天生具有敏銳感覺的人。

「高敏感族」這個詞，最早是一九九六年由美國精神分析學者伊蓮·艾融博士（Dr. Elaine Aron）所提出。如果不是因為小子，我壓根沒留意過。

艾融博士整理出高敏感小孩通常擁有四個特質：

深度資訊處理：

一些細微的變化他都能察覺，也因為這樣，慎重行事，所以遲遲無法做決定，看起來像是優柔寡斷，其實他們正在內心「深度處理」。

容易過度接受刺激：

日本醫生長沼睦雄給了一個很好的比喻——就好像我們在小溪裡撈魚，網眼越大，小魚越容易流走，網眼越小，可以撈住許多小魚，但也會撈住很多不必要的東西。對高敏感小孩來說，有時候他需要高度的刺激玩樂，但是太多的刺激玩樂，對他的感官其實又是負擔，過度興奮之後，晚上常睡不著。

情緒反應大、尤其是同理心很強：

高敏感小孩不但對事物很敏感，對情緒感反應也很敏感，比較通俗的說法，就是情緒化。愛哭、容易被嚇到、容易害怕，甚至很會鬧彆扭。

能敏銳察覺細微的刺激：

微小的聲音、淡淡的香氣、輕輕的碰觸、周遭環境細微的變化，等等一般人不會察覺到的小細節，高敏感的小孩都能感受。（蛛絲馬跡、風吹草動，都逃不過，看來可以當刺客或偵探。）

我忍不住去回想小子每個成長的片段。

從月子中心帶回家，他幾乎哭沒停過，白天睡眠很短，常常十五分鐘就醒來哭，晚上更慘，有一陣子，每天晚上從七點連續哭到九點，哄、拍、逗、抱都無效，我神經質一再檢查哪裡沒服侍好？奶也喝了、尿布也是乾淨的、溫度、濕度都很適宜，到底在哭哪一齣？或許就是特別敏感，些微的一點點光、一點點風、一點點聲音，任何一點點不舒服，都會被無限放大，太難受了，小小的他只好放聲大哭。

有次我跟小子經過全國電子，他忽然拉住我的手，說：「媽媽、跟我們家的一樣……」我轉頭看，店面外頭展示著冷氣機、電風扇，玻璃櫥櫃裡有錄音筆、各種隨身碟，眼花撩亂，不太知道他在說什麼？

他生氣了，小小的身軀舉起手：「媽媽，妳、妳看、妳看！」

他指著——玻璃櫃上面有一個星巴克蛋捲盒。我們家不久前也有朋友送了一盒，真的一模一樣。

當時他兩歲。我以為我們只是走路回家，他其實一路都在細微觀察。

小子四歲半那年，去清境農場旅行，想讓小孩體會一下在草原上跟小動物一起玩耍的快樂。我真是想多了，小子看不到綠油油的草地，他只看到草地裡的羊屎牛糞，他也無法享受綠草的清香，因為空氣中稀薄的糞便味對他來說就是：「臭死了！臭死了啦！」最後他輪流掛在我跟鬍子哥身上，硬是不肯下來。

書中提及，高敏感兒擁有某些科學無法說明的感受能力。嬰兒時期，小子好幾次不肯進房間睡覺，他會指著床鋪角落說怕怕。每當那個時候，我會覺得恐懼，尤其在農曆七月……（抖）

有人說，小孩的靈性純淨，感應力特別強。看得見我們看不見的那個世界，甚至，透視。

奶奶有一件津津樂道的事：兩歲多的小子去台中住，奶奶帶他到管理室領包裹，那是一個包裝完好的牛皮紙箱，奶奶一時間沒想起來她自己買了什麼，但是小子問她：「奶奶，妳買便當盒要給誰用？」

奶奶拆開紙箱，赫然發現是她不久前訂購的東西，真的是一個便當盒。這是我無法用科學解釋的地方。

小子漸漸長大，通透的靈性漸漸褪去，但是纖細、敏感、思想曲折仍然是他的特質。

我重新回憶起那個大阪午後，他在遊樂園不肯洗手，大喊：「我就是不要洗手。」

我直覺反射：「不行，手髒了就是要洗。」

對高敏感的孩子來說，一般「直覺式的教養」是行不通的。如果當時，我耐下性子，去猜測核對他的不安，應該就能安穩他內心已然爆炸的小宇宙吧！

∴

還不夠了解他的時候，我曾六神無主地去諮詢一位職能治療師，那年小子五歲又三個月。

通過一連串測試，得到一份報告，最後一頁是發展建議，洋洋灑灑，第一條就是：

「觸覺敏感度較高，可能與情緒波動大或易受干擾有關。觸覺過度敏感的兒童對於環境變化的波動大，很容易因為環境變化而影響其能力的表現。建議每日提供刷身體的活動，雙手、雙腳、背部各一百下的觸覺刺激，每天兩次……」

我一頭霧水，刷身體？是洗澡的時候用沐浴巾刷嗎？一天兩次，是一天要洗澡兩次？

「刷身體是用感覺統合觸覺刷。」職能治療師拿出一個刷子給我看。

我半信半疑：「用感覺統合觸覺刷，就會改善敏感，穩定情緒？」

治療師：「對呀！讓他回歸到比較正常的狀態。」

當下，我又矛盾了。

如果，敏感就是他的特質，我為什麼要改變？

變成「正常」，有比較好嗎？

如果所有敏感的人都變得不敏感了，大家都一模一樣，這世界有什麼意思？

其實，全世界有五分之一的人是高敏感，在科學上甚至有一個正式科學名稱為「感官處理靈敏度」（sensory-processing sensitivity，SPS），這是天生的特質而非後天學習而來。就因為大腦的神經系統高度敏感，讓高敏感的人對環境和他人情緒感受更多，也因此成為比較有創意和同理心的人，許多藝術家、詩人具備這樣的特質。

李安導演應該也是一個高敏感兒，他曾在一場對談自述：「我小時候是個非常瘦弱、容易害怕、容易哭的人，從小碰到什麼事都要哭，一年級時，我每天至少要哭一次，很容易被東西嚇哭，是很沒用的一個人。看電影如果是哭戲，我會哭到整個戲院都在笑說：你看，那個小朋友哭得好好玩！」

小子也是因為這樣的特質，常常有溫暖可愛的舉動。

記得一歲多的他，有次要我倒一杯水給他。

「你要做什麼呢？」

「澆、澆花。」

「澆什麼花？」

「玫瑰花。」他漲著紅撲撲的小臉回答。

奇怪了，我們家哪裡有玫瑰花啊？沒多久，我發現，床單全濕了……因為床單上面的圖案，是玫瑰花……我天天躺在上面，早已經沒有注意到是什麼圖案。

望著他天真的小臉，我的心一下就柔軟了，每個小王子，都會呵護著他心愛的玫瑰花。法國作家聖修伯里筆下那位多愁善感、纖細深情的小王子，肯定也是一個高敏感兒啊！不論流浪到多遠的星際，他時時刻刻掛念著屬於他的玫瑰……

後來，陸陸續續聽聞很多小孩的故事，深深覺得每個小孩基本都是敏感的，他們剛降落這個星球，一切都待適應，每個人表現都不一樣，即使是大人，每個人也都有高敏感的時候，失戀、失業、驟失親人……這些情境，都讓人倍感敏感脆弱。

在了解小子的過程中，意外發現原來我也是個高敏感兒。日常生活中那些多到滿出來的易感情緒、憂愁，無處可發，我只能說給日記聽，從小學五年級開始，一路寫到高中……

腦中總是有太多念頭，讓我無法喘息，想東想西，最後猶豫不決，很難下決定。被喻為法國「國民心理師」的克莉司德．布提可南提出一個名詞，叫做「大腦多向思考者」，完美呼應了我的「沒完沒了多重思考症候群」。

∴

再往上溯源，家族中超級高敏感的人，絕對是老媽！

如果要用關鍵字形容老媽，會是：情緒化、想太多、難取悅，通俗一點的說法是難搞。

帶老媽出門上餐廳，一點點油煙味、一點點髒，她都受不了，嫌東嫌西，吵著要回家，很多時候挺掃興。但高敏感的人的確會在空中氣味不對、聲音不對等等大家覺得沒關係的小地方，感到很不舒服。

搭電梯密閉空間，她覺得窒息，快不能呼吸（我常常覺得很誇張）。

還有，一旦開始憂心一件事，就沒完沒了。有次我在講電話，中間插撥鍥而不捨，我掛了電話，有十三通未接來電都是老媽，我趕忙打回去，她緊張問我，小子的大便顏色正常嗎？我惱了：「妳就為了大便顏色要連打十三通電話嗎？」

近年，病識感很強的老媽，渾身都有狀況，從神經外科、心臟科、腸胃科、皮膚科到眼科，從中醫到西醫，結果都是叮囑她要學會放輕鬆，處方裡都有抗焦慮、助眠藥。醫生最常說：「妳就是想太多了啦！」沒錯沒錯，因為她如此敏感，她就是很容易想太多。她沒辦法控制腦袋靜下來，思緒紛亂，所以她睡不好。睡不好，導致暈眩、頭痛、肝火旺、脾氣差……

老媽她不是故意的，她很多次告訴我她很氣自己，氣自己就是想太多，睡不著。就如同我氣自己老是多重思考、無法做決定。

∴

寫這篇文章的時候，小子已經八歲了，他的情緒漸漸趨於穩定，而我開始嘗到甜頭。

某個下午，小子拉我進房間，要我躺下。我乖乖配合，兄妹兩人去拎了一桶熱水，兩個人手忙腳亂用熱毛巾幫我包腳熱敷（以前我幫他們包過，原來他們都記得），然後再幫我按摩，一個按摩頭，一個按摩手……

完全不明白我怎麼會有如此高規格的待遇。我一邊享受，一邊想哭。

「媽媽妳躺在這裡休息一下，睡覺喔，不要出來喔！」小子特別叮嚀。

腳溫溫熱熱，我的心暖呼呼。好像躺在輕飄飄的雲上。

我睡著了。不知道睡了多久，猛地醒來，打開房門走出去。

眼前的景象讓我一愣。

亂七八糟的童書一一歸位，地板被吸乾淨，沙發上的抱枕乖乖擺好，我電腦桌上也被整理整齊，電腦上還放了一個平安符，空間裡流瀉著輕柔的音樂……

我抬頭看，牆上貼著各種標語：「加油！」、「你是最棒的！」、「世界就在你手上」、「媽媽I♥U」……

我感動得說不出話，緩了緩，才問小子：「你怎麼會想到要做這些？」

「妳跟阿嬤講電話的聲音聽起來很累啊！」原來他聽見我的聲音奄奄一息，他的高敏感輕易可以感受到我的累，他記下來了，開始想著怎麼可以讓我不累？

「媽媽，以後我常常給妳驚喜好嗎？」好、好，媽媽已經淚眼汪汪。

當媽媽八年後，我開始有被愛的感覺。

如果有時光機讓我搭乘，我好想回去安慰當年那個六神無主、以淚洗面的我，我想跟她說：「乖！不要憂傷、不要恐懼，他會長大、妳會幸福。」

∴

看起來，我們似乎已經遠離了高敏感的風暴，但真是如此嗎？

這天睡前，鬍子哥幫小妞摺紙船，但不小心弄壞船，小妞開始生氣、踢腳、哭，怎麼哄都哄不好，眼看已經哭鬧了一個多小時。

我精疲力竭地看著抽抽噎噎的小妞，想起早上光陪她換襪子，要換半個小時，每一雙她都說「不蘇胡」，只有某一款可以得她青睞，我只好一口氣買了二十雙一模一樣的（固著於某種偏執）。

難道……又一個高敏感兒？

深吸一口氣，告訴自己，我生的、我生的、我生的……

不要等待王子與靜心燭火

在決定幼兒教育時，我們只希望能在天寬地闊的地方，有溫暖與愛相待。一開始鎖定是公立幼兒園，但小子三歲第一次抽籤，候補七十三號，我瞠目結舌，繞到電視機前面，不理智地質問電視：請問新聞報導的少子化在哪裡？

新手父母對教育是陌生的。我開始慢慢了解各種學派，但鬍子哥可沒這麼快熟。

有天我問：「昨天參觀那家幼兒園你覺得怎樣？」

「妳是說……提拉米蘇？」

「不是提拉米蘇，是蒙特梭利！」我激動地搖晃著他的肩膀，自我冷靜一下，接著問：「不然另外一家覺得如何？」

鬍子哥眼神帶著一絲猶疑，不太確定地：「妳是說……愛德華？」

「是華、德、福！」簡直要驚叫。

因為一些漫長曲折，小子與小妞陰錯陽差讀了兩個不同體系的幼兒園。

小子中班抽中公立幼兒園，大班轉去私立，如同大多數幼兒園一般，他們慶祝聖誕節、萬聖節，在期末的時候學生要上台唱歌跳舞或演戲，才藝發表。

小妞讀的是華德福幼兒園，沒有歡度聖誕節，沒有扮鬼要糖果，但他們有四季慶典。華德福是奧地利哲學家魯道夫·史代納創立，它的宗旨簡單地說是在自然環境中培養全人教育，從個人經驗發展出生命的整體性。

以前，我以為的全人教育是「德、智、體、群、美」。但華德福的全人教育應該是「身心靈」整合。

華德福理念中，人跟大自然的節奏呼應，透過四季慶祝的儀式，讓內在跟世界連結，探尋生活的奧祕。

小妞的幼兒園，春、秋季慶典是在有機生態園砍柴、燒柴、烤地瓜，而冬季慶典是我最喜歡的。冬天的時候，往上萌發的力量似乎慢慢停滯，緩緩落下的葉片滋養大地。冬天是沉澱、是蓄積，是休憩、是養身。

幼兒園的冬季慶典是由兩個活動組成。

第一個活動是觀賞偶劇。全部家長在門口集合後統一入場，教室前方已經佈置好小舞台，兩位老師身著潔白衣裳，準備演出。燈光昏暗，演出選在下午三點，是一日將盡的休憩時分。

故事開始了，兩位老師的手都要負責操偶，動作輕緩溫和。那些偶，是老師親手一針一線縫製，小馬、小羊、精靈、公主、王子、樹木、花朵、雲彩……

老師的聲音好溫柔，溫柔到有點虛弱，我努力聽著，故事大概是說：一個公主離開城堡，不知怎麼地就困在一棵樹上，王子聽說了這件事情，千里迢迢來拯救她，終於把公主從樹上救下來了……

好純潔、好天真的童話，但世故的媽媽我，完全不受教。公主為什麼要在樹上傻等王子呢？

故事結束，圍坐吃湯圓，湯圓是孩子們親手搓的。我一邊吃湯圓，一邊跟小妞聊天，我說：「剛剛那個故事啊，如果妳是公主，妳被困在樹上，妳要等王子來救妳，還是自己想辦法下來？」

小妞一臉茫然。

我把她攬進懷裡，耐住性子：「如果妳要等王子來救妳，妳知道要等多久嗎？」

「不知道。」

「對啊，等人來救妳，不知道要等多久。但是如果妳自己學會怎麼爬下樹，就不用等別人啦！」小妞點點頭。真棒，應該聽進去了吧？

「而且啊，學會怎麼爬下樹，下次看見別人也被困住，妳還可以教別人怎麼下來。妞妞可以幫助別人喔！」

小妞開心地回：「對啊，我也會幫助『別倫』。」

雖然言之過早，但是親愛的妞啊，不要當一個柔弱的受害者，在妳用盡全力之前，不要輕易放棄，更不要輕易等待別人來救援。

這世界上沒有王子，只有妳自己成為公主。

不過是一個偶劇表演，媽媽我是不是想太多了呢？

∴

小子每每看見小妞的活動，總嚷著：「齁！妹妹那個古代的學校。老得要命的學校！」

古代的、古老的，意味著往原始去、往心靈去，少了一些人工的東西，多了一點自然的況味，跟古人的智慧。

小子上下課都有幼兒園娃娃車接送。

古代的學校講究親子互動，希望父母手牽手帶孩子上課，散散步、聊聊天，看看天上的雲與路邊的花草，所以當然沒有校車。

古代的學校，沒有塑膠、沒有卡通、三C跟電動玩具。

那玩具是什麼？是抱枕、木桌、木椅、染布、後院的石頭、木屑、公園的落葉……

元宵節，幼兒園邀請家長一起來做燈籠，發下農場直送的大白蘿蔔，上面還沾著土壤，我們用湯匙挖出洞，在中間置入傳統的細長紅蠟燭，頂部穿上鐵絲，繞上樹枝，就成了「古代的燈籠」。挖出的蘿蔔，變成蘿蔔湯、蘿蔔糕。

小子幼兒園的燈籠，現代新潮，是ＬＥＤ燈，有電池、能閃爍、能變色。

我欣賞色彩眩目的ＬＥＤ燈籠，但是更愛親子一起動手挖蘿蔔燈籠的樂趣，這燈籠還帶有土香、木香、蘿蔔香哩！

∴

冬季慶典第二個活動，叫做「光之迴旋」。在我介紹光之迴旋之前，要先說說，這期間我們經歷了小子幼兒園的大型耶誕晚會，裡面充滿親子體能遊戲、各種熱鬧的表演，整場晚會熱血沸騰、心跳加速。

如果小子是綜藝班，小妞就是修行班。

修行班講究的是靜心與祝福，我們境界提升，從人間躍到仙界。

幼兒園很早就發放小木板，我帶領小妞用磨砂紙打磨，把木板磨得圓潤光亮，然後寫上「祝福的話」，這些祈福小木板都被掛在幼兒園入口的樹上。不單如此，幼兒園還發送歌詞單，那陣子每天去接小孩，家長都要集合在一起練歌。

歌聲在華德福生活中是很重要的一環。有很長一段時間，我們家溝通都是用「唱的」。

好比，〈小星星變奏曲〉會變成早餐的點餐：「今天早上吃什麼？媽媽做好荷包蛋。你要不要喝牛奶？還是要來一杯豆漿？……」

當然也可以是晚上的洗澡：「全身臭臭快去洗澡，洗好香香媽媽抱抱。頭髮、脖子、臭腳丫，不能忘記還有屁屁……」

「光之迴旋」的時候，家長群哼著輕柔細小的歌聲，教室關燈，四周點滿蠟燭，地板中央用深色的布圍成一個螺旋，螺旋上順著蜿蜒路徑擺放蠟燭。

小朋友手捧燭光，繞著螺旋緩步慢走，走到中心之後，可以隨意選一個地方放置燭光。在眾人齊心低吟的祝福歌聲中，四十個小朋友完成光之迴旋。像是一種靜心儀式，在歲末之際沉澱心靈，回歸初心。

沒有派對、沒有親子遊戲、沒有抽獎。這就是小妞的修行班冬季活動。跟著兩個孩子，一會兒在人間，一會兒在仙境，忙碌於兩個不同幼兒園的活動，超級充實。

可惜沒有第三胎了，不然我應該也會想嘗看看「提拉米蘇」幼兒園的滋味。

機智的當媽生活

在一路仆街的鬱兒生活中，我也是有充滿希望的時候。如果要問我，其中最大的體悟是什麼，那就是：做人不能太老實，老實的媽，必死無疑。

我想我一輩子都不會忘記這件事：

小子讀大班的時候，某一天幼兒園老師預告：「升上小學七點四十就要到學校喔！」當時我並不知道，老師輕描淡寫的一句話，會給我們帶來什麼驚濤巨浪。

睡前，小子搖搖晃晃拿鬧鐘來，說：「媽媽，把鬧鐘定在六點。」

「為什麼要定在六點？」

小子沒有回答我，我腦袋一轉，馬上意會到，該不會是……

「因為老師跟你說上小學以後，七點四十要到學校嗎？」我問。

小子點點頭。

「你還沒有上小學呀！你還在大班喔！你的幼兒園娃娃車九點才會來接。九點喔！九點喔！」

但，沒有用了。

小子、堅持、六點要起床。他自己從七點四十分往後推算，要換衣服吃早餐，他必須六點起床，才能在七點四十抵達學校。呃……未雨綢繆？

第二天，早上「五點」，清晨霧氣還未散去，有人搖晃我，我張開迷濛的眼睛，看見小子醒了，我問：「你這麼早起來幹麼？」

小子瞪著大眼睛，盯著某處看，我順著他的目光望去，他在看……鬧鐘？

「我、我先起來等它響。」小子一字一字認真解釋。

我一秒嚇醒，五點起來等六點鬧鐘響？超前部署成這樣？

此後，全家配合著六點起床，等九點的娃娃車，我考大學的時候也沒這麼逼人。

後來好說歹說，鬧鐘可以調整到七點。

正對著床的牆面上，掛著一個三十吋的大圓時鐘。每天睜開眼睛，我神經兮兮馬上確認七點了沒？

有一次，鬧鐘不知道怎麼竟然沒有響，醒來已經超過七點，小子大爆炸，聲嘶力竭哭嚎踢床：「你為什麼沒有叫我！」

接著，被吵醒的小妞也開始哭，兄妹同心其利斷金，比孟姜女哭倒長城更具威力，媽媽我瞬間灰飛煙滅。

那天以後，我跟鬍子哥被淬鍊得相當精實，我們常常在鬧鐘響的前十分鐘輪流醒來，靜候「七點」關鍵時刻到來。

良好的默契給了我們一段耳根清淨的好日子。

有一天，我睡到流口水，陡然驚醒，一看牆上時鐘，赫然是七點二十八！完蛋了！轉頭一看，鬍子哥正在打呼，我越過夾在中間的小子，用手大力戳戳鬍子哥，鬍子哥猛地驚醒，我安靜又用力地指指牆上時鐘。

鬍子哥眼睛瞬間瞪得比關公還大。我一臉驚恐，用唇音問：「怎、麼、辦？」

小子隱動的雙眼快要睜開，深藏的火山蠢蠢欲動。

沒料到，鬍子哥猛地起身，中年發福的身軀展現前所未有的俐落，一個劍步飛躍，攀上牆，掄起時鐘，神奇的事情發生了，時間開始倒轉……

從七點二十八

七點二十

七點十五

一路逆轉到七、點、整！分秒不差！（此謂校正回歸。）

小子伸了伸懶腰，完了完了！要醒了、要醒了……天崩地裂了……

就在千鈞一髮之際，鬍子哥用迅雷不及掩耳的速度，重新把時鐘掛回牆上，身手之敏捷，我幾乎忘了他有足底筋膜炎。

幾乎同時，小子「登」地睜開雙眼！世界一片光明。

我整了整被嚇得歪七扭八的臉，從容不迫換上好媽媽笑容，溫柔呼喚：「小寶貝，起床囉！七、點、囉！」我遙指時鐘，令人感激涕零的「七點鐘」正對著我們發光。

嘆為觀止。原來這樣也可以啊！

我那土相星座耿直的腦袋，久旱逢甘霖，從土壤裡開出一朵花，豁然開朗、生氣勃勃。

我對鬍子哥敬佩不已、甘拜下風，果然嫁了一個好老公，從此，我們再也不怕睡過頭，因為鬍子哥擁有一雙讓時光倒流的魔手！

我也深深體會到，以不變應萬變，是天大的錯誤。媽媽想要活得久，不但要會變，還要變得快、變得妙，變得嚇嚇叫。後來，我被訓練得越來越機智。機智是，聰明靈活、隨機應變。山不轉路轉，路不轉，我轉。

∴

母親節，管理室送了兩朵康乃馨，一朵白色，一朵紅色。

小子動作快，把紅色的康乃馨搶走了，小妞揮舞著手哇哇大哭：「我要紅色、紅色的花。」

老實派：

「妞寶，不要哭啊！紅色的花已經給哥哥了，白色的花也很好看啊！」

結果：

小妞繼續扭動大哭：「哇哇！我要紅色、紅色的花……」

機智派：

「妞寶，這朵花是紅的呀！它只是還沒開好，來，媽媽來幫忙一下。」我拿起紅色的彩色筆，一點一點把白色的康乃馨，塗成紅色的。

結果：

小妞笑咪咪拿著紅色的康乃馨去玩了。

有陣子，兩隻不知道為什麼很怕鬼。倒水喝要人陪、去尿尿也要人陪，其中小妞最嚴重，有天要睡覺的時候，哥哥一直嚇她，小妞發抖著：「我們家有鬼！好可怕喔！」

老實派：

「我們家哪裡有鬼？妳看到了嗎？沒看到就不要亂說！」

結果：

小妞：「真的有，好可怕、好可怕！媽媽，妳、妳不相信我……」

機智派：

「沒錯！我們家真的有鬼，一個愛哭鬼、一個生氣鬼。」我肯定地說。

小妞笑了：「那爸爸是嚴格鬼。」

「那媽媽呢？」

「媽媽是寫稿鬼！」小子說。

結果：

愛哭鬼、生氣鬼、嚴格鬼跟寫稿鬼，手牽手溫馨甜蜜一覺到天亮。

有一次，小子要搶奪小妞手上的樂高，兩人吵得不可開交。

小子說：「我是王，我想怎樣就怎樣！我就要妞寶一直哭一直哭。」

老實派：

「你不是王，你是哥哥，你不能跟妹妹搶東西。」

結果：

「我是王、我是王、我是王……」小子氣哭、踢腳加翻桌。

機智派：

我說：「好吧！你是王，那家裡什麼事情都讓你管囉？」我深深一鞠躬，繼續說：「親愛的國王，晚餐要吃什麼？髒衣服什麼時候洗好？還有水費電費瓦斯費，請國王撥款下來……」

結果：

小子一愣，默默閉上嘴，重新思考，他幹麼要當王？

∴

我談笑風生、游刃有餘，這個故事也是戰績之一。耍點心機，親子關係竟然充滿了生機。

小子開始學跳繩，那天他吵著要看卡通，我說要跳繩兩百五十下，討價還價，最後以一百五十下成交，小子要我幫他數，一跳完，就要立馬衝去開電視。

他跳得七零八落，連續跳都沒有超過十下。我想，這樣下去，就算跳到一百五十下，也沒什麼運動效果。乾脆……

小子問：「幾下了？」

我：嗯，七十五！（其實是七十九。）

小子又繼續跳。

小子：「幾下了？」

我：「嗯，八十！」（其實是八十三）

小子沒發現我的詭計，他頭髮凌亂，臉頰紅撲撲，繼續跳。

我：「一、二、三、四、五、六、七、八、九、十。」

小子：「幾下了？」

我：「八十六。」

小子停下跳繩，轉頭看我，生氣：「八十加十是九十耶！媽媽妳數學怎麼那麼差啊！」

糗，露餡了。我鎮定地：「對齁！媽媽數學很差耶。那媽媽下次算清楚一點。」

趁著小子跳得頭昏眼花之際，我一路算錯。

106＋9＝109

109＋21＝110

就這樣，小子終於跳了一百五十下，快快樂樂回家開電視。

媽媽我也得到了期望的兩百五十下，心滿意足帶他選卡通。

我們兩個都對這樣的結果滿意極了。

睡覺與惱公

鬍子哥有個絕技讓我羨慕又牙癢癢，不管小孩多吵，他只要一躺下就能睡。我後來才發現，很多老公都有這種技能。幾乎不需培訓，不用教導，他們都能爐火純青，發揮得淋漓盡致。

忍不住想要記錄一下，某個夜晚，鬍子哥照樣三秒就打呼，但兩隻都不肯睡。

小子開始跟我展開落落長的睡前小話，抱著他的小豬抱枕說：「我今天最開心的咧，就是老師今天跟我們玩遊戲耶！最不開心的咧，那個打掃時間，小陸沒有把垃圾留給我……」

「為什麼要把垃圾留給你？」我不懂。

「就是他要在上面刮刮刮，把垃圾弄下來，大家趕快去掃啊！他竟然沒有留給我，我有預約耶！」

「蛤？垃圾還要預約？」我矇了。

「我很不開心耶，我星期一問他，他就說一二三五都預約滿了，只有星期四，所以我有給他寫一張紙條啊，寫我預約星期四，結果咧，他咧，竟然把紙條丟掉了。害我今天沒有掃到垃圾耶！」

我整個驚呆了。原來兒子喜歡掃垃圾？在家可沒看出這種潛力。

正想追問，但此時，睡在我左邊的小妞打斷了我。

小妞揣著她的「阿里山被被」來了。（每個小孩人手一件，俗稱小被被，你懂的。）

小妞搖著我：「媽媽，我要點餐……明天早餐。我要米漢堡，我只要小小的一半喔！」

小子聽到要點早餐了，馬上插話：「我要酒釀蛋，然後黑糖饅頭。」

我有預感明天早餐店老闆娘（我）會好忙。

又跳回小子，我跟小子繼續他方才的話題。

「媽媽都不知道你這麼喜歡掃垃圾啊。你可以在我們家掃，家裡很多垃圾，不用預約喔！」我真是哭笑不得，在家是垃圾製造大王，在學校竟然很愛掃垃圾？

「老師說打掃時間掃到最多垃圾的人最棒！」

「你在我們家，掃到最多垃圾，媽媽也覺得超級棒耶！」

「不一樣啦！」學校垃圾有比較香嗎？

然後，小子又跟我抬槓了很多。像是：「妳今天有點奇怪、但是又很開心的事情是什麼？」、「妳今天不開心也不難過的事情是什麼？」、「妳今天很生氣後來又不生氣的事情是什麼？」是有多扭捏的雙魚座，問題一定要這樣曲折。

我瞄見小妞在畫畫，我阻止：「妞寶，太暗了，眼睛會壞掉，快去睡覺。」

小妞可憐兮兮：「媽媽，我睡不著……」

然後小子要喝水，於是我去廚房倒水。倒水回來，小妞要我去客廳找手套。

全部服侍好，小子終於睡著，終於聽見深沉的呼吸，太好了，搞定一隻。

趕緊看看睡不著的小妞。小妞竟然用手在摳她爸的腳趾頭玩！

「快睡覺，不要再玩爸爸的臭卡修。」我把小妞移回她的位子，順便大力搖晃鬍子哥，看能不能得到一點人道救援，他用打呼聲熱烈回應我。

婚姻幸福要自力救濟，我不奢望我不奢求，這一切都要靠自己。

「乖，媽媽來陪妳數羊……一隻羊……兩隻羊……」

我念一遍，小妞睜著大大眼睛也念一遍，我把她眼睛闔上：「眼睛要閉起來，閉起眼睛才能看見羊，睜開眼睛羊就跑掉了。」

「一百五十一隻羊……」「一百五十二隻羊……」「一百五十三隻羊……」

我覺得我快睡著了，可是妞還睡不著。最後我們都放棄了數羊。

變成抓抓背。不能太重，不能太輕，不能直直抓，不能側側抓……差不多在我手快斷掉的時候，小妞、終於、睡、著、了！萬歲！

經過漫長的哄睡過程，氣的是，換我睡不著……

轉頭一看，她爸、孩子的爹，我那親愛的隊友，流口水的臉帶著微笑，不知在夢中玩耍到哪裡去了？喊聲「惱公」，不惱不休。

為了平衡勞務均分，既然「睡前」惱公會一秒昏睡，那我決定把「深夜」小妞啼哭交給鬍子哥。

小妞不知道為什麼如此多夢，而且惡夢居多。常常在半夜生氣踢哭。

劇本故事流程大概是這樣：

做惡夢，小妞生氣用力踢腳，吵醒哥哥，哥哥暴怒跳起大吼：「妞寶妳吵死了！」

然後哥哥作勢揮拳，然後妹妹開始崩潰大哭。

惱公在半夢半醒狀態下指揮：「妳把她抱去外面沙發睡。」

我？把她？抱去外面？沙發睡？

拆開來主詞、受詞、地點都讓人惱。

為了婚姻幸福，所以我得把劇本調整一下。

一邊哄著小妞，一邊故意問：「不哭喔！妳要不要媽媽抱？」

小妞：「嗚嗚……」依照小妞深夜叛逆的個性，她果然回答我：「嗚嗚……我要『爸爸』……」

歐耶，關鍵字一出，立馬轉身用腳踢踢鬍子哥：「喂，你女兒找你。」

交棒成功。

你問我，如果小妞沒有主動要爸爸怎麼辦？

那就換套劇本。

一邊哄著小妞一邊故意問：「不哭喔！妳要不要媽媽抱？」

小妞：「嗚嗚……嗚嗚……」

一味地哭！急死人了，關鍵字哩？提醒她！

「妳要找『爸爸』對不對？」我強調。

小妞：「嗚嗚……嗚嗚……」咦？還不說？

「對！媽媽知道妳就是要找『爸爸』。」我幫忙說吧。知女莫若母嘛！

PART · 4

婚姻中
的
我們與我

夢想，未完待續……

記得好清楚，在未滿二字頭的青春年歲裡，有一部電影深植我腦海。一九九五年，《麥迪遜之橋》上映，我十九歲，坐在電影院裡，哭得不成人形，手上擰著皺巴巴的衛生紙，直到散場眼淚都沒能停住。

當時婚姻離我還很遙遠，我說不出來到底為什麼這麼悲傷？但我很清楚知道，讓我有共感的，不是那一生僅有一次的愛情。而是，梅莉・史翠普所飾演的主婦，展現出來在美滿婚姻背後，巨大的寂寞與失落。

每天圍著家人團團轉，她是維持全家正常運行的關鍵，卻是家中最被忽略的人。不只一次提醒家人不要大聲關門，大家置若罔聞；聽著喜歡的古典樂電台，孩子會直接把它轉成流行樂。她出生義大利，大學念的是比較文學，有著浪漫情懷與夢想，但是因為結婚，她嫁到保守的美國愛荷華，離開教職，離開夢想，變成全職主婦。她代表著千千萬萬扮演好所有角色，唯獨失去自己的女人。

一直無法忘記這句台詞：「女人一旦選擇結婚生子，一方面是她生命的開始，另一方面，是結束。」

也許我對婚姻的憧憬與恐懼，都在這部電影交會了，所以才會泣不成聲。

但婚姻跟成就自我，怎麼會是答案互斥的選擇題呢？當我又長了一點年紀，讀了一點書，成為經濟獨立、包包一拎就能朝世界盡頭去流浪的帥氣女子，對於當年十九歲的眼淚，不免覺得廉價，打從心底嗤之以鼻。

難道結了婚，女人就會跟夢想一刀兩斷？

嘖嘖，危言聳聽，我高度存疑。這世界上除了豆腐、愛玉跟仙草，沒有什麼是能夠一刀兩斷的。生跟死都還有靈魂相連呢。

心靈雞湯文都是這樣寫的。

「沒人能阻擋你成為你自己。」

「當你真心想要做一件事，全宇宙都會來幫助你。」

我只是結了一個婚，

跟大部分的女人一樣，沒什麼大不了。

我在對的時間，嫁給對的人，再怎樣都是幸運的。

∴

但，我必須得要深呼吸，才能夠書寫這段歷程。

有一個我，走在傳統期待的道路上，念書、就業、結婚、生子，過著平凡至極的人生。

但有另一個我，走在夢想的道路上，腳步凌亂不堪、姿態扭捏，每次出發，都對自己信心喊話，最後摔得鼻青臉腫。

時間快轉到婚後第五年，當時小子四歲半，小妞兩歲半。

一套劇本已經寫完、拍完、殺青。隔了好幾個月，突然緊急被通知要做大幅度修改，幾乎是一半以上的內容要被抽掉重來。

得知這個消息，我正帶著兩個小孩家庭環島旅行，接到電話，驚駭得幾乎要停止呼吸。環島結束，直飛上海。

每天開會，想方設法保留住已經拍攝的場次。每一集被刪掉的故事，還得補回合乎前後邏輯的新橋段。劇組派了三個小夥伴給我，幫忙想情節、蒐集資料、協調演員，牆上畫滿各種圖表，數不清的故事線，我一個人要獨自寫完一千五百多場戲的台詞。不合理的工作量與時間壓力，但面對問題就得解決，我孕育的故事，我想親眼看它平安誕生。

演員已經分散在不同劇組，要重新兜回來，每天我會被告知未來一兩天能借到什麼場景，能夠組合到哪幾位演員，我快速把那些場次抽出來，先寫那些場次的台詞。整個腦袋如同一台電腦，快速處理錯綜複雜的人物與情節。一直寫，一直寫，常常從早上七點，一路寫到半夜兩、三點。

因為事情來得措手不及，承諾在大學整學期的授課無法更動，於是……

「老師您從哪裡過來上課？」

「上海。」

逼不得已，經常是今天的飛機返台，明天上台講課，後天回上海劇組。機票一張上萬，大學兼任講師鐘點費五百七十五，這算盤怎麼打，都不如意。但兩邊都不能辜負。

更不能辜負的是家人，可為難來了。

我得出差，我得來來回回短暫住在上海。

一個家庭裡，爸爸出差，似乎是天經地義。

媽媽出差，就很難沒有微詞。

酒店房間，是一小斗室，每一樣老舊家具都充滿欲言又止的悲傷。筆下的每一場戲，牽涉到幾百位工作人員，牽涉到預算，牽涉到劇組種種隱形角力，煙硝戰火狼煙四起，從房間走到會議室，僅僅十步，烈焰灼足，寸步難行。

最艱難的是，傳給鬍子哥訴苦的訊息，已讀不回。

想跟小孩視訊的請求，已讀不回。

曾經聽聞一位敬重的導演說：「搞創作的人，不適合有家庭。」

問題是，聽到這句話的時候，我已經結婚了。

我不服氣。我想要有家庭、有婚姻，可是我也很想要創作。

我好貪心。

婚後有很長一段時間，我晚上九點陪小孩入睡，不管是多冷的夜，身體像是內建鬧鐘，凌晨兩點一到，自動醒來。

年輕不懂什麼叫做「珍惜時光」，生孩子以後就澈底懂了，珍惜不但意味著得來不易，更意味著隨時會消失。

母職的深夜時光，每過一秒就少一秒，無法預測小孩何時會突然哭醒找媽媽，這一秒的歲月靜好，下一秒就是鬼哭神號。

這是一種害怕隨時會消失的慌張，必須克服內心深層的恐懼，尋得安定，一旦坐在書桌前，打開電腦就要能寫，再不寫，就來不及了……

一個貪心的女人，勢必要付出更多的努力，無論是體力、腦力或是心志。白天的我，是媽媽，夜晚的我，是自己。我天真以為，善用時間切隔，我肯定還能保有部分殘餘的我。可如今行不通了，我在上海，物理上我無法將自己切成兩半。

氣溫是零下七度，從窗外往下望，是超商的小廣場。抬頭望，天空灰撲撲，看起來很脆弱，伸手一抵觸就會垮。

但我抵不到天，我連小酒店潮濕的天花板都抵不到，不然我相信它也會垮。像是一個忍住淚很久的人，面容扭曲，不能笑他，也不能碰他，他會肆無忌憚地崩裂，哭到自己都不認得自己長什麼樣子。

我好想家。

握著手機，沒有動靜，不知道還能傳什麼訊息，才能得到回應。

我到底，做錯了什麼？

從沒想到，對每件事情都全力以赴，最後是讓自己萬劫不復。

某次從上海飛回大學授課，雅麗老師看到氣如游絲的我，她心疼地說：「每個人都可以從妳身上拿走他想要的東西。而妳，竟然都給得出來。」就這一句話，我撲在老師肩上啜泣，老師勸道：「但是薇薇，妳不用把自己變成超人。」

「角色超載」是後來才學會的名詞。習慣超載的人，只會負重，不會卸貨，所以我沒有聽進去，我還是一直苦撐，撐到整個劇本二度殺青。

從小，我就慣性隱忍，害怕衝突，也不擅長處理衝突，合理跟不合理的要求，我都能配合，只要大家好，我什麼都好。也許就是這樣，才是真的不好。

在夢想的路上，我一點也不怕吃苦，故事裡的主角都是歷經千辛萬苦才會成功。英雄踏上旅程，一定要經過第一道門檻、第二道試煉，會有苦難折磨，會被逼進黑暗洞穴的最深處。

尼采不是這樣說嗎？「凡不能毀滅我的，必將令我更堅強。」王爾德不也說了：「心是用來破碎的。」心上沒一點傷疤，秀出來都不光彩。到底要灌自己多少迷湯，才能擦乾眼淚、鼓勵自己往前衝？

偏偏，一股腦往前衝的我，從未曾意識到，我的故事夢在結婚後，會引起巨大的家庭衝突。

有天，鬍子哥送我去機場的路上，我小心翼翼報告接下來要幾天才能回來，鬍子哥說了一句：「我寧可妳不要回來。」

他的口吻極輕、極淡，似煙若霧，彷彿這一切都不重要。

我驚駭不已，轉頭看著他面無表情的模樣，瞬間整個畫面嘩啦嘩啦剝落，原來電影特效是真的，不是虛構出來的，世界碎片般崩解就在我眼前。

終於，我們有了一次冬夜談話，我知道婚姻路上不會都是綠草如茵春光明媚，卻也沒料到刺人的荊棘會突然遍地叢生。

「你不喜歡我寫作？

還是不喜歡我寫劇本？

還是不喜歡我寫『這個劇本』？」

鬍子哥倚在沙發上，沉默不語。我在這一頭，面對他的沉默無計可施。

「如果你不喜歡我寫『這個劇本』，『這個劇本』總有殺青的時候，很快就會結束。如果你不喜歡我寫劇本，我以後可以減少劇本工作量。可是如果你不喜歡我寫作……你娶我的時候，我就已經是個創作者了……」我們倆，到底是誰遇上了詐騙集團？

想起一位作家姊姊，她離婚時幽嘆過：「當年他追我的時候，說我的手是用來拿筆，不是用來拿鍋鏟的。離婚的時候，他竟然責怪我分不清楚高麗菜跟空心菜。」

我分得清楚高麗菜與空心菜。

因為我想要拿筆，也想要拿鍋鏟。

但如果今天我只能拿鍋鏟，不能拿筆。
不創作的我，還是我嗎？

∴

長大以後，得的第一個文學獎，是文藝營的文學獎。
報名截止的前一晚，我趴在營隊宿舍床上拚命地寫，那篇文章叫做〈精神瘟疫〉，寫的是去精神病院探望一位朋友，驚覺我的內在開始歪斜剝落，原來這個世界，誰都不正常。
文章得獎了，主辦單位跟我要得獎感言，把我的照片登在雜誌上，好大好醒目，對當時的我來說，很虛榮。我帶著老媽一起去領獎，老媽問我：「妳寫什麼？」小學沒有畢業的她，看不懂。她跟我在典禮現場，一直用手摸我的頭髮，她比較在意我的頭髮有沒有梳好，要給人家留下好印象。還有，「獎金多少錢？」
日常生活裡，我好奇心旺盛，注意力很難集中，任何一個新鮮事物都會讓我分心，沒有一樣事物，讓我喜歡很久很久。只有書、只有閱讀、只有故事，我從來不會膩。
小時候，巷子口有間金石堂，我常常蹲坐在地上，看書度過一個又一個下午。老爸老媽沒時間教育我的事，我都是從書裡看來的。我很感謝寫書、出書的人，我是被書養大的小孩。

印象中最深刻，是日本作家三浦綾子的《冰點》，小學看到這部作品，書中提出「愛你的敵人」，這信念震撼著我。小小年紀，生活中的不愉快，無非就是父母吵架、在學校被同學排擠，那些鬱悶，就是我難以擊倒的敵人，我總是輸得一敗塗地，要我愛這些敵人，我一點也做不到，我沒有高超的智慧也沒有恢宏的氣度，可是心裡難過的時候，我就會想著這句話。

「我要愛我的敵人，我可以的。」我是這樣砥礪自己的。

一個故事，不知不覺，影響了地球上某個不知名角落的，不知名的靈魂。這種神祕的、機緣般的連結，讓我深深著迷。

∴

研究所的時候，我在報紙上擁有一個專欄，一周兩次，每篇兩百五十字。寫的是愛情詩文，用各種意象，寫愛情，寫了兩年，寫到我的同學好奇來問我：「妳是不是一直在談戀愛啊？可是我看妳很忙啊……」那時候我一邊在報社上班，一邊念研究所，假日在市場擺地攤賣衣服，我很難跟他解釋，那是一個創作者自律的寫作練習。

專欄寫了兩年，累積了兩百多篇。這些愛情詩文，成了我的第一本書。

我喜孜孜的，以為我要紅了，後來發現這真是令人發窘臉紅的錯覺。更荒謬的錯覺是，我以為我可以靠寫書過活，等領到薄薄的版稅單，才愕然驚覺，不是這樣的，根本不可能啊。

不過，有一首短詩文，被導演看中。

「在愛情的起點與終點之間，在我們的開始與結束之間，你有愛我與不愛我，我只有愛你與很愛你。」導演說要用在偶像劇裡。

那是快二十年前的事。那時偶像劇剛起飛，充滿粉紅泡泡的劇情跟俊男美女。

導演更大膽地說：「妳這麼愛寫，來幫我寫劇本好了。」

「可是導演，我從來沒看過劇本長什麼樣子。」我興奮，卻也忐忑，我可以嗎？

導演起身，從後面書架上抽出一本劇本，丟到我面前，酷酷地說：「劇本就長這個樣子，妳今天開始寫。」

我就開始寫了。這次，嘗試用劇本的方式來說故事。

我想好全部的故事內容，一邊寫劇本，一邊同步寫小說。

小說寫完要出版前，出版社編輯跟我說，外部校對人員校對完文字，黏了一張便利貼，寫著：「故事太精彩，請作者一定要投稿電視台，發展成偶像劇。」

校對人員不知道，同一個故事，我另一隻手已經在寫劇本。

而且，很笨拙、很悲傷。

焦頭爛額寫到第七集，措手不及開拍了。

我當時還有報社正職工作，每天上班前、下班後、假日，都在沒日沒夜趕劇本，像春蠶吐絲，哽到了就掐掐脖子，繼續吐。

寫到一半，更悲傷的消息傳來，其中一個演員得了蜂窩性組織炎，住院去了，短期內沒辦法拍戲。我只有把這演員的戲分剔除，寫好的劇本大半不能用，後面故事整個大調動，每天都有電話催趕著我。

比更悲傷更悲傷的事發生了。

我也病倒了，高燒不退，躺在醫院吊點滴。

昏沉中接到劇組電話，聲音像從另一個遙遠世界飄來的，悠悠蕩蕩、恍恍惚惚，說的是：「第八集第二十五場，要改，很急⋯⋯」

「好。」

我虛弱地爬起來，跟護士要求：「請幫我拔掉點滴，我有很重要的事情要處理，我處理好再回來。」

護士用難以理解的眼神望著我：「不是高燒四十度嗎？」

別，別這樣看我，二十多歲的我，就是這樣渾身發燙的，奔赴每一個邀約，我為夢想發燙，然後把自己灼傷。

獨立寫完一套劇本之後，有好幾個單位找我聊劇本。我一頭熱地去聊天，幫忙想了故事，也幫忙寫了大綱。還有一次，關在一個小房間裡，好多人抽煙，眼前迷霧濛濛，頭腦昏脹聽不清楚大家在說什麼，都是前輩，我不敢離開。

製作人請我一定要救火幫忙，年輕的我對於任何機會降臨都覺得感恩，其實我沒有足夠智慧去判斷那是機會，還是坑。我寫了，那齣戲他們也拍完了，我打電話去要劇本費，電話變成空號。

這不是第一件奇怪的事情，當然也不會是最後一件。

很快地我就面臨要思考：

寫書是「純然的創作」，劇本是「貼近創作的工作」。

我喜歡創作，但寫書養不活自己。

而我又不適應編劇圈的生態，這裡待人接物的邏輯跟我理解的道理不同，我格格不入。

我是否該像許多前輩一樣，繼續維持一份穩定的工作，閒暇之餘再創作呢？

文字不值錢，這是出書之後得面臨的窘境。

不同出版社都給了意見：

「妳該教別人談戀愛，談兩性的書籍十本有九本會賣。」

「要寫工具書，沒有立即效用的書，讀者不會掏腰包。」

「寫心靈雞湯文，絕對不會過時，妳看這一本跟那一本，其實講得都差不多，但就是會賣啊！」

我覺得他們都說得很對，可是我都做不到。
好長一段日子，我搞不定我自己……

∴

昨天夜裡我做了一個夢，夢中，一株巨大的仙人掌寧靜地佇立在沙漠上。
陽光灑落。
光陰走過。
好似亙古的歲月以前，它早已駐守在那裡，悄然等候我的造訪。
仙人掌靜靜對我微笑，輕輕柔柔跟我說：「找到你內心的水源地，即使是行走在人生乾枯的旱地上，依然可以微笑伸展。」
我的水源地在哪裡呢？
一直寫著，一直用真誠的心寫出動人的故事，也許就是我內心的水源地吧！
這是《愛在世界開始的地方——墨西哥漂流記》書裡的文字。
辭掉工作去流浪，在墨西哥，語言不通的陌生國度，我重新認識自己。

我沒有名字，我是我，但我也不是我。世界認識我，不依種族不依學歷不依頭銜，僅僅以一個人，單純地行走在大地上。

有的人會耕田，有的人會唱歌，有的人會跳舞，有的人會牧羊，如果以一個天賦標示，那我是什麼？我，是一個會說故事的人吧！

墨西哥的故事獲得平鑫濤先生賞識，愛才惜才的平伯伯給我許多讚美，用雜誌好多頁的篇幅專訪我，將我列為注目作家，我受寵若驚，迷惘的眼眸開始閃耀光芒，我真的能寫，不是嗎？

即使被重量級前輩認可的作品，這本書出版後，還是沒有獲得廣大迴響。

我覺得辜負了平伯伯對我的厚愛，心裡很難受，反倒是平伯伯慈藹地安慰我，邀我寫專欄，他老人家懇切地望著我，叮嚀道：「永遠不要放下妳的筆。」

夢想好像是一場苦戀，我愛上一個不會愛我的人，但是我不死心，死纏爛打、苦苦追求。他很狡猾，欲擒故縱，有時溫柔、有時冷漠。

當我受傷的時候，他就給我一點秀秀。

當我信心滿滿的時候，他又狠狠潑我一頭冷水。

偏偏我冥頑不靈，哪怕傷痕累累，我還是卑微地祈求，愛我好嗎？

我想要說故事的心沒有改變，但是我說故事的嘗試，增加了一個新挑戰。

雅麗老師請我回校園教書，如果我可以在台上說故事，帶領好學生讓他們說自己的故事，是多棒的事情！我還是在故事領域裡，這次成了教育者。我熱血沸騰，掏心掏肺，把全部時間奉獻給學生，聽學生的故事，陪他們哭哭笑笑，莫名地我變成學校的秒殺老師，一堂課一百四十個人，每十九秒會選掉一個名額。

但這還是一段捉襟見肘的日子。

老媽叨念著：「鄰居一直誇我女兒好棒，又在大學講課，又出書，又寫劇本……」接著老媽話鋒一轉，冷冷狠補一刀：「我都不敢跟他們講，那些只是說出來好聽而已，其實沒什麼錢耶！」

大學兼課鐘點費五百七十五元，出書版稅頗為淒涼，劇本有一搭沒一搭。我不敢說我是作家，也沒資格說我是編劇，說老師其實也只是滿腔熱血的菜鳥。

在說故事的路上，我好像什麼都是，也什麼都不是。

我也曾經「腦袋清楚」認真思考，乾脆接受外商公司的職缺，有一份穩定的工作，以日座處女、月座白羊的幹勁，我會腳踩高跟鞋，拎著公事包飛全球去開會，和法國、美國或印度的同事談笑風生。可內心有個聲音在問自己，就這樣了嗎？我用盡全力了嗎？我會不會在白髮蒼蒼的某一天，遺憾地想著，如果當年，我堅持下去的話……

「沒有人能夠寫出另一個人腦中的東西」是我覺得創作最迷人的地方。如果有兩個世界，一個是有我的世界，一個是沒有我的世界，差別會在哪裡？我想了又想，有我跟沒我的世界，差別就在於有沒有我創作的故事。老天給了我高敏感的天賦，讓我經歷那麼多事，遇見那麼多人，一定有祂的道理。

我還是想——說故事溫暖全世界。

這是一種無藥可救的執念。

世界上，很多人都有執念，固執地追尋一個自定的價值，有人追逐功成名就，有人瘋狂地想賺特別多的錢，有人在愛裡浮浮沉沉，渴望得到愛的回應，也有人，一定要生出一個孩子，似乎這樣才能證明完整。

很多時候，我們都在這份執念中受傷了。

該不該繼續？前方是什麼？

我付出了這麼多，我為什麼要現在放棄？現在放棄，一切不就前功盡棄了嗎？負傷前行，是勇敢還是愚蠢？

人生總是這樣充滿了疑問，但是找不到標準答案。充滿疑問的人生比較有趣，還是充滿答案的人生比較穩當？

這也是無解。

年輕時候讀《牧羊少年奇幻之旅》，最鼓舞人心的就是那句：「當你真心想要完成一件事，全宇宙都會來幫助你。」我仍在半路上摸索，可是我忽然結婚生子了。如果牧羊少年是個女人，她的奇幻之旅會是什麼？她要如何完成夢想，又把小孩養大？

一個女人在婚姻中要如何擁有一席之地？

到底要怎麼樣才可以不失去自我？我極度茫然。

記得剛生完孩子，產後憂鬱症，抱著寶寶，我感覺自己是一個會泌乳、會移動的生物體。我沒有腦，我不會思考，我看不完一本書，寫最長的文字是手機簡訊，我甚至會忘記成語，很多字想不起來長什麼樣子。

張愛玲說成名要趁早。

我無論如何已經晚了。

似乎也不用趕著去哪裡，我熱呼呼的心，漸漸冷卻。

一睜開眼就有做不完的家務，但真要說，也說不出什麼了不起的大事，小孩大便顏色正常，就是本日頭條。可我每天都好忙，忙到沒時間好好坐下來吃口飯，沒時間擦保養品，沒時間梳頭髮，好幾次到晚上洗澡才發現我根本連睡衣都沒換下。

小孩笑的時候充滿幸福感，小孩睡著以後充滿巨大的失落感。

我沒有活成世俗期待的家庭主婦，也沒有活成我想要的瀟灑帥氣。

我一會兒斤斤計較小孩喝奶的西西數，一會兒抓破頭皮苦思我還能寫些什麼。

我甚至開導自己，其實人生也不一定要怎樣，日子安安穩穩過下去就好。

我不願承認的是，我懷疑自己根本再也寫不出來。

最難過的是，我看見「自我」像一盤沙，被婚姻這陣風，漸漸吹散……

∴

「妳就好好在家帶孩子，給老公養。」老媽指示，大氣都不喘一下。

這實在令人費解，老媽自己是一個很早就沒有老公養她的單親媽媽，為什麼換我嫁人，我就要給老公養？

單身時候最怕老媽面帶愁容看著我，一副我混不出名堂的樣子，然後嘆道：「乾脆找個人嫁了。」

「乾脆」二字，帶著解脫跟無奈。找個人嫁了，只解決老媽「女兒嫁不出去」的焦慮。但關於人生、關於夢想、關於自我實現，婚姻都不是解答。

在家帶孩子，更不是人生無以為繼的避難所。

給老公養，也不能解決午夜夢迴對自己的叩問：我是誰？我為什麼誕生？我想成為什麼樣的人？我給這世界帶來什麼？

無法成就自我，我不會快樂。但是忙碌事業，卻未盡母職，人生也會充滿遺憾。

後來，出版社幫我出了書，我肚子裡懷著小妞舉辦巡迴演講，也繼續寫劇本。無論如何，我努力在「不影響家庭生活」、「不耽誤人妻、媽媽角色」的狀態下進行著我的說故事大夢。

我不是人生勝利組，我是人生努力組。

我的處境益發艱難。

不想合作的單位認為有家庭會無法專心創作，也不願怠忽母職，於是小妞生病的時候，我就住在醫院二十四小時趕稿。小妞一放下就哭，我把她掛在我胸前，雙腳直挺挺站著寫稿，絕口不跟劇組提我在醫院。

我也曾經兩隻手在敲鍵盤，一隻腳在搖搖椅、哄小孩，上半身與下半身各自分工。生完小妞進入月子中心，首要之務就是把電腦拿出來，擺設好位子，那是生產後第三天，忍著石頭奶寫稿，是前所未有的體驗。

遊樂中心、親子餐廳、醫院急診室、小兒科、捷運、公園、機場、度假飯店、沖繩海邊、京都民宿、路邊加油站……這些地方都有我寫稿、交稿的身影。

只要出門，天涯海角，城市鄉間，包包裡幾乎都有電腦。

我從不遲交。

可一旦開拍，永遠無法預料會有什麼狀況。

曾經有一次，確認劇本都沒問題，我們一家飛回檳城過年。

世界各地親友才剛團聚，手機匆匆響起，「第十八場這裡緊急加一場女主角演講……趕快把演講稿寫出來……」

「之前不是說不要了嗎？」我詫異。

「現在又要了。」

「好，等我一下。」不用追問為什麼，趕緊解決問題比較要緊。我神色倉皇看著大廳裡熱鬧的景象，全家族都在，年節氣氛歡樂，我一晚輩媳婦，實在不敢大剌剌把電腦亮出來。

於是，把小妞往鬍子哥身上一掛，我佯裝肚子痛，躲進廁所，變身回我自己。雖然荒謬淒涼，但沒時間委屈，緊急打開電腦，十分鐘內寫出女主角的演講稿，接著若無其事傳送到地球另一端。

∴

我是這樣，從懵懂無知的小女孩，一路跌跌撞撞到了這裡，為什麼要因為婚姻，捨棄我之前的努力？他有他想做的事，我也有啊……

成為妻子、媽媽之前，我應該先成為我自己。

初識的時候，我寫好雜誌上的專欄故事，第一個就念給他聽，他都忘了嗎？

他可能不明白，劇本跟出版自己的書不一樣，書是成品，劇本是待製作的未成品，一個戲劇作品，從企劃撰寫到播出，動輒兩三年，如果這齣戲劇沒有順利誕生，我在婚姻與夢想間咬牙度日的堅持，算什麼？我多麼想證明，我可以。我就是這麼膚淺地想看到螢幕上打出我的名字，雖然只有短短一秒鐘就 fade out……

劇本是工作，但又不能純然以工作視之，當它躍上螢幕播送，它就帶著影響力，在不知不覺中影響了地球上某個不知名角落的，不知名的靈魂。我對那個不知名的靈魂，有莫名的責任。

回到那個冬夜的談話，其實，還有後半段，我們在那樣的關係中痛苦不堪，我不快樂，他也不快樂。

我思考許久，十分平靜地緩緩說道：「當初我嫁給你，是希望照顧你，讓你快樂。如果跟我在一起，你這麼不快樂，我們可以退回去當朋友。」我深吸一口氣：「……我們都四十歲了，人生進入下半場，活一天少一天，沒必要綁在不快樂的關係裡。」

想起好萊塢明星布萊德·彼特與安潔莉娜·裘莉，他們相愛十二年，就在結婚第二年宣告分手，對外宣稱兩人之間有無法消除的歧見。

婚姻，真的好難。

沒結婚的時候，他聽我說故事，懂我，我們無話不談，他是我最好的朋友，最放心的樹洞。如果因為結了婚，我們的關係要變成這樣，我寧可不要「婚姻」，要「他」。

我並不是渴望一個多麼幸福美滿的婚姻，但是我想要「好的關係」。

如果他不明白創作對我的意義，不明白我追求的自我實現，那我該讓他明白，溝通從願意說、願意聽開始。

於是，第一次，我邀請他出席我的演講。

那場講座叫做「走自己的路」。演講中，我分享創作是療癒，也是我的出口，是救贖，也可能是我的原廠設定，從小學五年級寫日記開始，我便不曾離開過書寫。

同時，我分享了一首詩，詩人舒婷的作品，〈致橡樹〉：

我如果愛你——
絕不像攀援的凌霄花，
借你的高枝炫耀自己；

我如果愛你——
絕不學痴情的鳥兒，
為綠蔭重複單調的歌曲；

也不止像泉源，
常年送來清涼的慰籍；

也不止像險峰，增加你的高度，襯托你的威儀。
甚至日光。
甚至春雨。

不，這些都還不夠！
我必須是你近旁的一株木棉，
作為樹的形象和你站在一起。

好的關係，應該是互相尊重欣賞，彼此相依。不是誰攀附誰，也不是誰盲目崇拜誰。應該是你有你的「銅枝鐵幹」，我有我的「紅碩花朵」，「我們分擔寒潮、風雷、霹靂；我們共享霧靄、流嵐、虹霓。彷彿永遠分離，卻又終身相依」。

這是我以為的共好關係，是兩個人相處的美好狀態，是平等的，是共享的，作為彼此的堅強後盾，我不願成為你的負擔，也請你成為我翅膀下的風。

那場講座結束之後，我們沒有針對這件事情深入對話，我以為隨著時間過去，我會慢慢釋懷，後來證明，我高估自己。

「我寧可妳不要回來。」這句話是把利刃，每想起一次，就朝我心上砍一刀，時時刻刻提醒我，我最愛的人，在我最痛苦的時候，是如何殘忍地對待我，我們竟然可以同甘，無法共苦。

這句話背後的真相是，當我在家的時候，我除了家務，還要分神去寫作，他有時得和我搭配分工。

可是我出差的時候，他請婆婆到家裡住，婆婆洗衣燒飯，百分百全心打理家務，他不用分工了，對他來說，這樣的家運作得很順暢，他沒有負擔。

我的缺席，可以讓家運作得更好？

這無疑是毒辣的一巴掌打在我臉上，非常難堪，好似我婚後盡力盡心的付出，全被抹煞。原來運行一個家，對他來說，只需要一個能燒飯洗衣的人就好，那個人是不是我，根本不重要，所以他寧可我不要回來，反正已經有人做得比我好了。我竟然是這個家裡頭，可有可無的角色。

在孩子面前，我們維持著日常生活的流暢，但是，有一種冷，在空氣中蔓延。我不敢面對衝突，而他不善溝通，這個地雷話題，我們有默契地自行繞道而過。

相愛的時候，蛛絲馬跡都是愛的證明。

冷戰的時候，蛛絲馬跡都是不愛的證據。

當初以為他懂我，所以才義無反顧要嫁的男人，現在變成最不懂我的人。家裡的冰箱跟洗衣機都知道我受傷了，只有他視而不見。

一直無法痊癒。

這個傷口很深，不是因為這件事情才一刀劃下，它是一日一日生活不平的累積。婚後，果然扎實體會到十九歲那年的電影台詞：「女人一旦選擇結婚生子，一方面是她生命的開始，另一方面，是結束。」

女人的自我，一旦結婚，就開始妥協；女人的夢想，生了孩子，開始被擱淺。

我曾自以為反骨，什麼年代了父權思想難道還能影響我？但其實這些制約早已根深蒂固。女人就該如何如何，結了婚就該如何如何，我落進這樣的框架裡，他也是，我們都沒有倖免。

如果從家庭去溯源，我懷疑他腦中有個理想妻子的形象，他可能不自知，那形象源自他的母親，我的婆婆。婆婆是個相當傳統的家庭主婦，即使念了師範大學，她當老師的夢想僅僅維持一年，後來一輩子待在家，甘於柴米油鹽的生活。如果鬍子哥的妻子原型是婆婆，那他是否娶錯老婆了？

而我的老媽，一輩子都在工作，從我孩提時期，她就是自食其力、勤奮不懈，一日不曾停歇，離婚以後她努力撐起家，她讓我明白，靠天靠地靠老公，不如靠自己。

鬍子哥這個大男人，想給我一張長期飯票，可惜我從來沒有找長期飯票的打算。但我還是結婚了，傳統把我推向婚姻中既定的角色期待。我回溯過去幾年來寫給他的信，好幾封都是我低聲下氣報告我會如何安排工作與家庭，我會壓縮睡眠時間，絕不會耽誤一頓早餐，少洗一件衣服。可我為什麼要這麼卑微？我沒有做錯什麼事啊！

抽絲剝繭地想，是心虛、是愧咎，一旦有工作，就會無法百分之百照顧家庭，那就是不盡責，不符合人妻人母的角色期待。這種外在與內在莫名的框架，讓我潛意識就處在低姿態，一開口就已經弱了。

再加上，我是婚姻新手，好強的個性讓我積極想要表現得讓人無可挑剔，盡全力滿足各方需求，任勞任怨，討好所有人。其實我根本做不到，心裡好累也沒放過自己，寵壞所有人，唯獨沒有心疼自己。這樣過了五年，結果就是我在心中悶燒，而他習以為常。

忽然平地一聲雷，角色對換，我必須出差，他必須理家，那怕只有三個月，他一時無法承受，用冷漠回擊我，我長久的委屈瞬間爆發。其實，我的處境是我創造的，我得負起一半責任，只是當時的我失去自我覺察的能力，我只有被冷漠對待之後的怒氣。

如果這是一齣戲劇，故事裡的老公與老婆，應該會分別找死黨或閨密去訴苦。

老公：不是她放的火，她幹麼去救火？那案子明明早就結束了。

死黨：你老婆很有責任感啊。

老公：結婚以後責任感應該用在家裡吧！她就不能好好在家帶孩子嗎？她難道對我沒信心嗎？我明明就可以照顧她，她為什麼要去外面自討苦吃？

死黨：你是心疼她吧！

老公：是啊！

朋友：但是你擺一個臭臉，不是越弄越僵？

老公：我不爽，難道還要刻意裝個笑臉嗎？做人何必那麼虛偽。

換這一頭，老婆跟閨密應該也會有一場戲。

老婆：他出差是天經地義，我出差就是罪該萬死？五年來他都出差，我只有三個月，挺我三個月有這麼難嗎？

閨密：他這次是有點過分。

老婆：我不是去玩樂，我的收入一樣養家，他憑什麼這樣對我？還不讓我跟小孩視訊，憑什麼？

閨密：婚姻對女人本來就是不公平的。

老婆：我們同樣在工作，我還要負責所有的家務，家是我一個人的嗎？

閨密：他工作比較忙嘛！

老婆：我工作沒有比較輕鬆啊！不能因為我是在家工作，所有家務就落在我頭上。何況，他否定我的創作，就是否定我，這讓我太受傷了。

閨密：也許他只是不會表達。

老婆：（灰心）不是，他看不到我的價值，他不懂我的靈魂，他需要的是傭人，不是我。

戲劇就要這麼拐彎抹角，這些內心話，為什麼不能直接講給對方聽？一定要透過死黨、閨密才能知道當事人在想什麼。

如果這是一齣戲，那麼，最高潮會落在夫妻的對罵、指控、數落。甚至演變成攻擊、咆哮、甩門、搥牆。

但，沒有。

我跟他之間，沒有廝殺的場面。原來婚姻不對勁的時候，是悄然無聲的。

不敢面對衝突的我，最後選擇寫一封信給他。

而他，持續不回應。

一份報告指出，婚姻未滿五年離婚人數最多。我們正好第五年，難道，要停在這裡？

我希望我的婚姻是喜劇，他跟我都是有幽默感的人，為什麼我們一起主演，會演成荒腔走板？

我每天觀察，他正常生活，上班、下班，彷彿我的信根本不存在，我的心聲就這樣石沉大海。

倒底該不該挑明了問他？還是就當做什麼都沒發生過？這樣就會雲淡風輕嗎？一旦開始接受不回應的溝通方式，以後是不是永遠得不到回應？

我要縱容他聽不見我的聲音嗎？

要是，今天換做是我的女兒，我要怎麼教育她？親密關係中的另一半，要同行走最長的路，聞而不聽、視而不見，每一步都是艱難。

夫妻關係裡，只有兩個人，總有一個人要主動。我的膽子很小，從小就不敢面對衝突，從原生家庭到職場，我習慣默默承受，逃避那些讓人不舒服的場面，但委屈不能求全，隱忍並沒有讓我好過，我要繼續這樣下去嗎？可不可有一次，我主動出擊，為自己發聲？

人生總有不能逃避的時候，憋了一個星期，某個早晨，趁他出門前，我破釜沉舟，鼓起勇氣問他：「我寄給你的信，你看了嗎？」

「還沒。」還沒？整整七天了！我修養很差，火氣又隱隱上升。

「好幾個晚上，我看見你不睡覺在滑手機，你有時間滑手機，沒有時間看一下你老婆寫的信？你不關心我在想什麼嗎？」

他繼續沉默。沉默到底是個什麼鬼東西，隨時隨地襲擊我的婚姻。

「不管怎麼樣，我等你的回覆。」我堅定地拋下這句話，我沒有要逃，他也一樣。

終於，三天後，我得到他短短的訊息：「我懂了，會再努力。」

就這樣？

對，就這樣。

沒有我害怕的火爆場面，也不會有長篇大論的回信。

但，至少，他回應了。回應，表示面對，表示開始思考，怎麼樣都是好的。

其實，男人的溝通是解決問題導向，對他來說，老婆回家了，回歸正常生活，問題解決，這事就翻篇了。但女人不是，女人的溝通是情緒共感導向，我要的是同理跟共感。千迴百轉那麼久，他拋來一句「我懂了」，就讓我釋懷大半。

再來，就是自己的功課了。

忽然想到我疼痛多年的子宮肌腺症。一月三十天，日子像餐點的辣度，日日夜夜分成大痛、微痛、微微痛、不痛，是相當擾人的慢性病，我因此加入臉書社群「子宮肌腺症——腺民交流會」，成了「腺民」。

婦女病常和身為一個女人的壓抑有關。子宮疾病連動著肝經。長期生悶氣，就是怒傷肝。「怒」字拆開是奴隸的「奴」，下面一個「心」，被奴隸的心，有委屈不說，有火不發，這種鬱悶最是傷肝。

此病如何醫？醫生跟我說，唯一根治的方式就是摘除子宮。（震驚）

如果不想摘除子宮，那就要「有意識地生活」，什麼該吃，什麼不該吃，什麼時候該睡覺，什麼時候該運動，絲毫不得馬虎。我必須找到與它和平共處的方式，保持良好的互動關係，讓自己就算有時疼痛，但也還能承受。縱然有傷，也能夠帶著微笑生活。

是不是，像極了婚姻？

我翻出當年跟宇宙下的訂單，重溫他的種種優點。

不能只看見一件壞事，就忘記他另外九十九件好事。

每天想一件感謝他的事情。

一件。

一件。

又一件。

再一件。

冰冷的溫度一度一度升上來，漸漸地，我的頭依上他的肩，再度相擁著入眠。

∴

又過了五年，來到結婚第十年。

第五十六屆電視金鐘獎公布入圍名單，電視戲劇編劇獎，裡面有我。這不是我第一個獨立完成的劇本，卻是第一次入圍。在之前，我曾一個人默默寫完四十集、五十集、七十集的長劇，搭其骨，予其肉，吹口氣，有了靈，大千世界生老病死。

正值疫情期間，這屆頒獎典禮格外冷清，親友無法入場觀禮，主辦單位只允許一位陪伴者，陪伴者也不能入場，僅能在國父紀念館大廳、走廊遊蕩。

頒獎典禮歷時四個多小時，我四周是入圍的編劇團體，大家都有伴。而我是單人獨立完成作品入圍，我一人安靜坐在位子上，但並不感到孤單，因為鬍子哥就在外面。入圍的榮耀是我的，卻也不光屬於我，創作過程中，鬍子哥毫無怨言承擔起生活中我無法分身打理的部分。

這場頒獎典禮，鬍子哥甚至自告奮勇當我的陪伴者，我生平第一次走金鐘紅毯，鬍子哥像小助理那樣幫我拎高跟鞋、遞茶水、提包包、幫忙補妝，我享受了一日大明星的待遇。原來被老公服侍，是這種飄飄然的感覺，還挺不賴的。

戲劇節目編劇獎，是倒數頒發的獎項。

坐在舞台下，忐忑難安，原來世界上最難熬的時間不是等待驗孕棒開獎，而是等待金鐘揭曉。

一公布，得獎者……

不是我。

手機同步跳出鬍子哥的訊息：「老婆，妳在我心裡入圍那一刻就已經得獎了！」

典禮結束，走出會場，鬍子哥迎上前，我感激說道：「謝謝你給我傳訊息，不過，你動作也太快了吧?!」

鬍子哥痞痞地：「其實我早就打好文字了……」我實在很想一拳貓下去。

「我死黨說，如果妳得獎了，我就是經紀人；如果妳沒得獎，我就是司機。」

我搔搔他的髮，目光柔和：「你當我經紀人，我們只會吵架，你還是當司機好了。」

夜晚的風清清涼涼，我看著鬍子哥，大男人如他，願意扮演一日小助理，以老婆為榮，結婚十年，他也成長了啊！

如今，我不在的時候，他可以獨自端出一桌滿漢全席，讓小孩吃得吮指回味，雖然燒壞了我三個昂貴的鍋子。

洗衣服的時候，終於知道深色跟淺色要分開來，雖然偶爾還是會有粉紅色的白T恤。

搞得清楚兩個小孩每天不同的社團、課程跟接送時間，雖然偶爾會凸槌。

這些瑣碎的小事，為難了「看大不看小」的男人腦。

典禮結束，回到家已經凌晨一點多，我們買了鹹酥雞，拎上幾罐啤酒，度過金鐘之夜。隔天他一路昏迷到中午，鼾聲隆隆。伺候老婆，有這麼累嗎？

∴

夢想，是怎麼了呢？

看過一段ＴＥＤ演講，講者是伊莉莎白．吉兒伯特，她曾經是餐廳服務員，她的書有長達六年的時間沒有出版社願意出版，因為一本《享受吧！一個人的旅行》變成全球知名作家。大家都在看，她接下來會怎樣？有人期待看見她更好的作品。也有人期待她跌落神壇。許多人羨慕她名利雙收的同時，她正體驗著高處不勝寒。

她坦言在《享受吧！一個人的旅行》之後，她處在一個「不會贏」的微妙處境。喜歡《享受吧！一個人的旅行》的讀者，期待下一本依然能取悅所有人的作品，但她不可能再寫出這樣的作品。討厭《享受吧！一個人的旅行》的讀者也會驚訝地發現，原來她還活著，還繼續寫作。她甚至考慮是不是該搬去鄉下養柯基犬，就此終老……

接下來她講的內容，觸動了我。

她說，人生會有不斷失敗的時候，好比當年在當服務生的她。人生也會有極度成功，擁有不可思議的輝煌的時候，像現在的她。

奇怪的是，如今看似成功的她，在潛意識裡的感覺竟然和當年一樣，極度失敗或極度成功，都是危險的，她認為這是一種心靈深處的迷失。

而不論處在成功或失敗，都有修復的方式，就是——找到「回家的路」。

家就是這個世界上你愛它勝過愛自己的地方，它可能是創作、發明、信仰、佈道……都好，你的家就是你願意奉獻活力的地方。

找到家，就不會害怕。有了如此獨一無二的奉獻，結果如何就變得微不足道。

於是，在《享受吧！一個人的旅行》之後，她出版一本銷量淒慘的書，隨後又出版一本勉強賣得還可以的書。但是不管銷量如何，寫作對她來說，就是「家」。

無論日子是好是壞，她都要「回家」。

她已經破除了魔咒，她可以全然奉獻於寫作。

所以，她還會一本、一本、一本又一本地寫下去，因為那是她的家。

這跟我在《愛在世界開始的地方——墨西哥漂流記》裡寫的意思相同。「找到你內心的水源地，即使是行走在人生乾枯的旱地上，依然可以微笑伸展。」

水源地，就是家。

一個人真心熱愛一件事情的時候會不顧一切勇往直前。跟市場沒有關係，跟世間的名利也沒有關係，深深的喜愛、深深的熱情，就是源源不絕的動力。

經過這麼多年，我體悟到：如果夢想是一場戀愛，它不應該是一場苦戀。我不再祈求「你愛我」。「我愛你」就好了。

我夢想的不是一個頭銜，不是作家、不是編劇、不是講師（雖然要有頭銜才能與社會溝通）。也不是達到一個世俗的標準，排行榜或是什麼了不起的獎項。

僅僅想要做一件事，這件事讓我心跳加速、讓我忘卻時間、讓我覺得生命有意義，那就是創作。做一個說故事的創意人，創造生活，創作故事。

∴

英國小說家符傲思說：「每個人的人生必然都會走到一個關鍵時刻，成敗在此一舉，那就是必須開始接受自己是誰。再也不是你可以成為什麼樣的人物，而是真正的那個你，之後永遠都會是如此的那個你，到底是誰。」

我的關鍵時刻，就是結婚以後。

我是誰？我為什麼誕生？我想成為什麼樣的人？我能成為什麼樣的人？我給這世界帶來什麼？

這些自我追尋的了悟，要通過種種負面的考驗，反覆的摧毀與重建，痛苦地越過荒蕪，方能顯現出澄明的信念。

婚姻帶給我極大的衝擊，弔詭的是，我似乎又透過婚姻的種種衝突，漸漸摸索出「我之所以是我」的獨特樣貌，甚至，找到為自己發聲的力量。

從追尋夢想出發，最後，找到的是自己。我好像沒有完成我的夢想，但我的夢想似乎也不需要被完成了。

我不再趕著去哪裡，也不用證明給誰看。我更加熱愛生活，一朵花、一盤皿、一爐茶、一衫一褲、一燭一煙，瑣碎日常裡都有故事的生動細節，儀式感都是人類文化的共鳴。

我傾聽憂傷，也傾聽得意，傾聽成功，也傾聽失敗。對所有的人好奇，對一切起心動念深刻理解，剖析喜怒哀樂的來龍去脈。

拿起筆，我持續寫著。

寫地板的抹布、隔夜的菜餚、冰箱裡的養樂多。也寫遺憾的嘆息、幼稚的堅持，不可理喻的怨憎。寫粗糙的手跟分岔的髮。也寫頑強的愚昧、難滅的慾望。

偉大的傻瓜、不幸的好人、善良的笨蛋、委屈的英雄。

沒有一個人是容易的，沒有一件事情是簡單的。沒有一個人不需被理解，沒有一個為難不值得被寬容，沒有一個錯誤不能夠被原諒，沒有一個遺憾來不及被釋懷。

常常我在可愛可惡又可敬的故事裡，哭哭又笑笑。想到遠方有一個不知名的靈魂在等待，我熱切地想往前奔去，用一個故事與他相逢。

有時我窮途末路，有時又柳暗花明。

無論我在哪裡，都有老公跟孩子一起。
我的婚姻裡有故事，故事裡有婚姻。

愛，在前方呼喚著我。
一切都會平安無事的。

夢想，未完待續……

結婚紀念日：明天再決定離不離婚

「上帝為什麼要把女人造得那麼美麗，又那麼愚蠢呢？」老公問。

「這很簡單，因為我們美麗，你們才會愛我們。因為我們愚蠢，我們才會愛你們。」老婆回答。

這是一個很老的婚姻段子。

經過十年，實在不敢說自己在婚姻裡有容光煥發的美麗，畢竟妊娠紋跟馬鞍肉已經揮之不去。但愚蠢的感覺嘛，嘖嘖……幸福的時候就慶幸自己並不愚蠢，挑了一個還不賴的老公。火大的時候又氣自己愚蠢，竟然這樣冒冒失失就進入了婚姻。

朋友中有人在經歷家庭風暴，離婚協議書塗塗改改，婚姻關係搖搖欲墜。聽過一位幸福美滿、婚齡超過四十年的婚姻老手幽默地說：「離婚協議書沒拿出來幾次，都不好意思說自己婚姻穩固了。」

原來每個結婚紀念日，其實是在慶祝我倆還沒離婚。

先過了今天，明天再決定離不離婚。

那是詼諧的玩笑。

如果硬要比喻，比較像是兩人相偕去爬山，路上每隔一段路有休息平台，停下來休息一下，喝口水，一邊揉著腳喊好累啊，這山怎麼那麼難爬啊，一邊細數著一路上看見的奇峰異石、天光流雲。好吧，喝口水，喘口氣，再上路。紀念日大概是這個意思。

蕭伯納說過：「想結婚的就讓他們去結婚，想單身的就維持單身吧，反正到最後他們都會後悔的。」攤開結婚紀念日的感言，後悔的時候不多，更多是感謝，像我這樣一個倔強難搞的女人，如果沒有遇上他，應該還在雲裡霧裡地飄吧！我還想知道，跟他一路走下去，會發生什麼事，什麼時候會氣喘如牛，什麼時候會呼吸困難，什麼時候會蓄滿淚水，什麼時候需要仰望星空冷靜一下。

什麼時候？要走下去，才有答案。

四周年感言：往後是陰影，往前就有光

四年，有人說是花果婚、有人說蠟婚，還有說是絲婚，silk wedding，象徵如絲線般纏繞在一起。

四年，大學已經念畢業。

四年，對婚姻來說，剛過準備期。

為什麼四年是花果婚？蠟婚？我不知道。

但是，絲婚，我有點感覺，只不過，不是情意綿綿地如絲線般纏繞，我倒覺得，比較像是走在如絲線一般的鋼索上，戰戰兢兢。

紀念日感言還沒想好，就聽說某恩愛銀色夫妻離異。唉，幸不幸福，臉書打卡不見得是真的，要在失眠的夜問自己才準。

我和鬍子哥開玩笑，我們要怎麼過紀念日？不如來去個汽車旅館吧。

鬍子哥說，好呀，還要帶上兩個小孩。

啊，我可以想像那個畫面：

當車子搖搖晃晃開進汽車旅館，車窗搖下，大隻的正在哀號：「媽媽，妹妹搶我的玩具啦。」

小隻的開始瘋狂大哭。

我回過頭，毫無形象破口大罵：「你們倆給我安靜點……啊，啊！不要丟，那是妹妹的奶瓶！！啊，啊！不可以，餅乾不要抹在頭髮上……！！！」

這頭，汽車旅館的接待人員禮貌問：「請問要過夜還休息？」

鬍子哥揉揉太陽穴，回答：「休息。」

接待人員側目看著車內失控的景象：大哭大鬧的小孩、潑婦罵街的老婆。接待人員露出無比同情的表情：「嗯，我想你們是需要好好休息一下。」

以上。

所以我們不可能去汽車旅館的。

也不可能休息一下的。

鬍子哥豪氣開口：「通化街夜市鐵板燒，隨妳點。」

老婆我此時就該感激涕零……

於是結婚紀念日的早上，我餵奶、做早餐、洗碗、洗衣服、擦地、刷廁所、晒衣服、換床單、抓小子吃藥……大約中午十二點多，阿嬤來把小子帶出門晃晃。我煮了一碗泡麵，亂七八糟的屋子裡面有安靜的片刻。

婚姻四年，就是中午能吃上一碗泡麵、獨自一個人、不要給我半句情話，就很感動。然後開始寫浪漫到不行的劇本。（所謂落差的人生。）

晚上，帶著兒子吃了一頓夜市鐵板燒，吃完鐵板燒，我們走在人潮寂寥的通化街，看著少女婀娜的服飾，怔忡著那些青春與我無關。

走完夜市，繞過小巷，路燈伴隨我們腳步，兩歲多的小子忽然停下來，小手指向地上的黑色影子，好奇問：「那、那是什麼？為什麼黑黑的？」

「影子啊，你的影子。」

「什麼是影子？」

「一直跟著你的呀，光從前面打過來，後面就會有影子跟著你。要在有光的地方，它才會出現喔。」我解釋。

忽然就懂了，怎麼可能沒有陰影？

婚姻這件事，往後看，就是陰影，往前看，就有光。

我的結婚紀念日是三月四日。
三跟四的數字有點意思。
不能對另一半挑三揀四，家事的交代不要丟三落四，親人相處少說三道四。
鬍子哥也別妄想朝三暮四，對外人勾三搭四。
我們繼續愛著、吵著、鬧著、抱著，不三不四、五窮六絕、亂七八糟……

九周年感言：微不順就熨燙一下

一路又從五窮六絕的五、六年，亂七八糟的七年、八年，時光跳躍，到了象徵長長久久的九周年。

九周年前一晚，我獨自忙裡忙外，接著哄兩個小孩睡覺，自己也睡著了，但我睡得極不安穩，掛念著沒吃完的白飯還沒有收、廚餘還沒有倒、木耳紅棗放涼了，還沒有放冰箱。

所以凌晨一點多，我又爬起來，走出主臥，隱隱聽到客房有聲音，探頭一看，發現鬍子哥不知何時回來了，躲在客房悠哉看 iPad 追劇，他躺著好舒服，我看著不太舒服。

「你回來了就不能幫忙把剩飯冰到冰箱？」我帶怨念問。

「我又沒有進廚房，我怎麼知道？」

「那你回來就要巡一下啊，我弄兩個小孩來不及收，你不該有默契嗎？」

這，就是男人女人潛意識的不同。

女人，再忙都會掛著家裡大大小小瑣事，所以半夜還會爬起來做家務。

男人，忙完就想要休閒，所以回家只想追劇。

「那你現在可以去丟廚餘嗎？」我平靜請求。（沒有翻白眼喔，有成長。）

鬍子哥二話不說，馬上闔上 iPad 去收拾。（掌聲鼓勵。）

這是幸運的，很多時候，男人會回答：「等一下。」

然後，一等，就是很久、很久。

於是女人等不了，只好先處理，最後就變成大事小事都是女人的事。

寫到這裡，完全不是要控訴鬍子哥。只是想要忠實呈現，這就是婚姻，婚姻生活比想像的還要無趣、無奈。

一點也不需要去爭辯誰對誰錯，只需要接受彼此的不一樣。處理資訊的方式不一樣、優先的順序不一樣。

婚姻是培養默契的過程，從那些無法跨越的差異裡，打磨出日常生活的韻律感。琴瑟合鳴不敢想，大約是你打你的鈴鼓，我敲我的三角鐵，鏗鏗鏘鏘不要太走音就好。婚姻是沒在客氣的，如果是一首歌，還真是難聽的時候居多。如果是一件襯衫，那就是皺巴巴地讓人蹙眉，體面只有剛買來那瞬間。日常生活中每天都是這樣大大小小的「微不順」，但也不是無法處理，高手需自備熨斗，練就整燙功夫。

日復一日有小煩小惱，但是看大、看遠，那些枝微末節，就顯得不重要。這一年，我家過得很辛苦，家裡人狀況百出，我進出不同醫院，東奔西跑，鬍子哥永遠是後盾，在我忙碌的時候安頓好家裡，在我難過的時候緊握我的手，也極度寬厚地包容我急躁的臭脾氣。

他甚至是比我細心的，去留意到老爸老媽、叔叔（老媽先生）、阿姨（老爸太太）的種種情緒、需求。

玄關要擺一張椅子，老人家穿鞋才方便。老爸坐車到捷運站，他一定開車出去接，即使散步八分鐘就能回到家。阿姨中風住院，他說一定要請看護，不能讓老爸也垮掉。叔叔說要環島，他就開始看飯店。老媽生日，他就訂餐廳、訂蛋糕，老媽說什麼，他都買單。

我們兩個人喜好不同、追的劇也不同，我創作的書籍跟戲劇他都沒看過。我們做事的方法南轅北轍，個性更有天壤之別。但有一個很大的共同點，就是我們價值觀是一樣的：家，比什麼都重要。

我很慶幸我結婚了。

我得以扎實體會到那些難以言喻的酸甜苦辣，體會到男女天生的不公平，體會到社會加諸在女人身上，那些傳統的期待有多讓人窒息。

更慶幸我的老公是鬍子哥。

婚姻糟透了的時候很多。

幸福到讓人害怕的時光也不少。

一路上，風光明媚與霧霾重重交替出現。

但，無論如何，這些曲曲折折的路，我想跟他一起走。

一起。

這才是最重要的。

婚後九年，謝謝鬍子哥依然不氣（棄）不離。

十周年感言：我擁有的他的時間

從幾年前就在討論，結婚紀念日若能過上第十回，就是一個里程碑，可歌可泣、可喜可賀，值得具有紀念價值的禮物來紀念。既然前面的紀念日都沒送過禮物，那就把第一年到第九年的禮物額度，全部累積起來在第十年挑個貴重的禮物給我吧。

都說歲月不饒人，我也不想饒過它。

那些淒風苦雨摸著路前行的暗黑歲月，都被晶燦燦拂上了光，想想這十年，千錘百鍊的三千多個日子，我揮汗把生活過得豐富迷人，有詩有花有清風，再怎麼樣相愛相殺，大多能以高度的幽默感跟趣味感調味。

雖然沒到花好月圓、神仙眷侶的境界，但總算是有闔家歡樂的基本底氣，柴米油鹽裡拾掇著鮮活溫暖的煙火氣息。若要評量一下自己的成長與努力，無論如何都要往自己臉上貼金，歸到高標那一區去，兌換一個高度激勵的禮物。

十年呀十年，要換成紅包，不論數字多少都是俗氣，就要一個特別貴重難忘的紀念品。貴重，是要心意濃，情義重，意義特殊，有分量，最好還能傳家。珠寶鑽石包包，我通通無感。沒有底蘊的，再高貴的禮物都是空虛。意義才是最奢侈的禮讚。

「我想好了，就是一只歐米茄手錶。」鬍子哥拍案。

「為什麼是手錶？」

「時間無價啊。過去一起走過的時間，未來還要一起度過的時間。分分秒秒，是不是很有意義？」鬍子哥得意到鬍子都要翹起來了。

「那為什麼是歐米茄？」

歐米茄這個牌子，承襲自婆婆出嫁時，婆婆的母親曾經送給她一只手錶。我這位出自老派家庭的老派老公，認為從上一代延續下來的經典，有傳承的意義。當年，鬍子哥給我挑了一枚鑽戒當結婚禮物，給他自己挑了一只歐米茄手錶當做他的結婚禮物。

聽說這牌子的手錶緊緊跟隨著〇〇七詹姆士・龐德。也在盧・貝松的電影《碧海藍天》裡潛入深深蔚藍的海底。它還上過太空、登陸過月球。好像一份所向無敵、勇敢無懼的愛，上山下海、飛天遁地、甚至闖太空、遊宇宙，都不成問題。廣袤無垠，能量飽滿，禁得起天長地久的期待。我已經為這份蘊含象徵意義的厚禮感到迷醉。

「好好好，我要來好好選一只我喜歡的款式。」我喜孜孜地伸出手看向手腕，想像該配上一只什麼樣的手錶，當時我正坐在鬍子哥車上。

「怎麼是妳選？」他邊滑方向盤，邊反問我。

「既然是要送我的，戴在我手上，當然是讓我選我喜歡的。」不是嗎？

「既然是我要送妳的，是我買單，當然是由我來選想送妳什麼。」他理直氣壯地說。

「你如果送了我不喜歡的款式，我不戴，那不是很浪費嗎？」我不懂。

「奇怪，收禮物的人總不能嫌禮物吧？」他說。

「話是這樣講沒錯，但是好不容易結婚十年，我不能選一個我喜歡的嗎？」我狠狠瞪了他一眼。

「就是因為結婚十年，我不能送一個我喜歡的嗎？」他為自己叫屈。

他有他的理解，我有我的想像，聽起來都對極了。但是十周年都還沒到，我們就先為了這一份尚且不存在的十周年禮物起爭執，實在太荒謬了。

「好吧，」我雙手一攤，「不然你說說你要送我哪一款手錶？」沒關係，退一步海闊天空，婚姻早就教會我，吵贏另一半，輸的還是自己。更何況，這關乎到十年有成唯一的禮物，我可不想落得人財兩失。

「跟我同一款的對錶，女生款。」他指指自己手上的手錶。

喔，他想送我的是一模一樣的手錶，十年前他負擔不起的另一半女款，十年後可以買給我了。我望著他，有一絲動容，這下我可沒有任何意見，禮物當然是送禮的人來決定，收禮的我歡歡喜喜負責收下就好。

十周年紀念日前幾天，他神祕兮兮開好久的車帶我到基隆。

「幹麼大老遠跑來基隆？」我呵欠連連，揉著沒睡飽的眼。

「拿手錶啊。」

原來他提早幾個月開始找尋這只手錶，十年前的款式，得花一番心力詢問。最後在基隆的歐米茄問到貨。

我們到的時候時間還早，兩人晃到廟裡去拜拜，我虔誠地祈求闔家平安，看他也一臉虔誠，我順口問：「你跟佛祖求什麼？」

「不要買到假貨。」他一臉認真。

如今我戴上貨真價實的新手錶。兩人把手伸出來，男款女款終於合體，成雙成對，才叫對錶。

這是一款自動上鏈的機械錶，平日每天戴著，自然晃動就能保持時間不偏差。但，其實我沒有戴手錶的習慣。日常生活家事太多，手腕上掛什麼都礙事。我常常忘記我的歐米茄，一忘記，它就鬧脾氣，明明八點變五點。

「你教我怎麼調時間。」我看著停留在昨天下午五點的手錶，無奈。

「教妳，下次妳又忘記。以後時間不準就來找我，我幫妳調。」

「那我會一直吵你耶。」

「幸好我只有買這一只錶……」

後來漸漸戴習慣了，有時睡覺也不拆卸，人不要低估自我調整的能力，從不戴錶的我，現在二十四小時都能戴。我在有錶的狀態下，有時忘記它，有時記得它，寫起稿來就不知日夜晨昏的我，因為有一只手錶在手上，中午也記得吃飯了。如果不是因為騷子哥，不是因為結婚十年，我仍會在時光之河浮浮沉沉，搆不到岸。

十年，婚姻熟度只能算三分熟。十周年慶當天，回到當初宴客的酒店，酒店維持得很好，散發歲月淬釀的經典況味，像一位老派紳士，有禮儀跟節制，有含蓄的音樂、低調的燈光，跟若有似無的香氛。

我結束一個會議匆匆趕到，一個人辦理入住，他更晚。我們在房間用餐，爐烤龍蝦跟牛排已經備妥，他的工作出了點狀況，電話講不停。我這頭也是，一直埋首手機回訊息。

兩人都忙得不可開交之際，忽然小孩電話插播進來，我驚駭得跳起來，忙跟鬍子哥緊張提醒：「我們自己來住大飯店，千萬不能說溜嘴。」不然就沒完沒了了……我們倆鬼鬼祟祟離家出走，丟包小孩給阿嬤，結婚周年慶，搞得像偷情。

等兩個人都忙完，牛排硬了，龍蝦也冷了。這頓晚餐沒有像飯店廣告照片那樣美味可口，「我們為什麼要花這麼多錢回來這裡住一晚？」我掰掰手指算一算，心疼不已，偷情的代價所費不貲，婚後真不能亂偷吃。

隔天早上，醒來端詳身邊的他，頭髮少了點，肚子大了點，時間走樣了身材，但時間也扎實了情感。下一個十年，他應該不會再送我手錶了，不過，我已經擁有他的時間。

我們是兩條平行線，他忙他的，我忙我的，我們有各自的節奏，我急躁，他平穩，我速度快一點，他慢一點，但婚姻將兩條平行線交織在一起。

把他的錶調快一點，把我的錶調慢一點，慢慢微調，就會同步到一樣的時間，吃同樣冷掉的牛排。所謂的夫妻大概就是，不能一起享受熱騰騰的美食，但是可以一起抱怨冷掉的餐點。

劇作家坂元裕二說：「人生有上坡道、下坡道，跟沒想到。」沒想到不小心結了婚，還能在十年後一起偷情慶祝。

不小心六十年周年慶的時候，應該會說：「沒想到就這樣走了一輩子。」那時候龍蝦跟牛排都咬不動，省下來的錢剛好拿來做假牙。

只有伍佰才會說我決定愛你一萬年，我再愛五十年就好。

「我算了一下，再愛你五十年，我都九十幾歲了，五十年夠了吧？」我說。

「呃……可不可以四十年就好？最後幾年放我自由……」這傢伙竟然跟我討價還價，這也真是——沒想到。

那些最後都是回憶

好了，現在在客廳沙發上，躺了一個酒氣沖天的混球。

「歐耶！」他打了一個呼嚕，又來一聲：「歐耶！」

「歐耶」是他喝到爛醉斷片的行為表現，上一次聽見「歐耶」，是好多年前，他最親最愛的表弟舉辦婚禮，檳城的歷史飯店裡，整個家族的男人女人都歡樂地喝開了，女人多半還清醒，男人就是一個個被扛回家，鬍子哥「歐耶」到天亮。

這天，是結婚第十年，除夕前一晚，俗稱小年夜。鬍子哥的七匹狼死黨固定要聚會，這是從年輕就有的慣例，每年兄弟們的過年儀式。

不敢說我完全理解兄弟情，但是我有閨密。閨密，是苦海無邊人生中的燈塔。女人不能沒有閨密。同樣的，男人絕不能少了死黨。死黨跟朋友的等級截然不同。朋友會在你跌倒的時候問：「你還好嗎？」可是死黨會在旁邊哈哈大笑說：「你白痴喔！」

那晚，鬍子哥特別乖巧，極有效率地幫小孩洗完澡，笑嘻嘻說一聲：「老婆拜拜囉！」一人就溜了。毫無遮攔的喜形於色。

這一去，就沒了音訊。莫約凌晨四點，他被扛回來。

「嫂子，拍謝拍謝，真的沒有喝很多，不知道他怎麼醉成這樣，躺在我家沙發上一直歐耶，吵得大家都沒辦法聊天……拍謝啦！交給妳啊，我再去送另一個。」七匹狼裡的老狼，一路要護送兩位醉漢，鬍子哥是其中之一。

他沒說錯，真的很吵，躺回家裡的沙發上，還是一直歐耶，把小妞跟婆婆都吵醒了。

「你去客房睡，不要在客廳，吵死了。」我戳戳他。

「歐耶！」

「爸爸，齁，你幹麼一直歐耶啦！」小妞很生氣，竟然用腳踹她爸！

「歐～～耶～～～」他繼續不知死活地歐耶。

該拿這麼混球怎麼辦好？

他一昏睡，就睡到隔天，除夕當天。

我們很早就約好，除夕當天一大早要去上引水產，採買新鮮的海鮮、肉品，晚上要煮一鍋澎湃火鍋。為了怕人潮，我計畫八點一開門就要進去，但現在已經九點了，還是叫不醒。

「你忘記你要載我去上引水產嗎？我還在濱江市場訂了一隻全雞，我跟老闆說我九點會去拿雞耶，你快點起來啦！」

「嗯……」繼續昏迷。

「這隻雞是我媽指定要的喔，我要是沒買到，我會死得很慘，整個過年都不用活了，你快點起來啦！」我用力拉他。

他起來了，搖搖擺擺從客廳沙發，一路晃走到房間，我以為他要去梳洗，結果他砰一聲倒在床上，打呼。

簡直要抓狂，靠男人一點用都沒有。雞販老闆要是把我訂的雞賣給別人，老媽怪罪下來，我豈不是小命休矣？

我決定自己出發，騎腳踏車轉捷運，再轉計程車，抵達目的地。

已經十點多了，上引水產外面排隊的人多到令人咋舌，估計一小時也進不去。我調整計畫，決定在濱江市場好好採買。

於是，我買了一隻活龍蝦、一隻活旭蟹、一隻全雞、八隻大草蝦、兩隻小卷、金針菇、雪白菇、松茸菇、洋菇、芹菜、三星蔥、蛤蜊、馬蹄條、蝦捲、蟹味棒、三盒牛豬火鍋肉片、半斤雪花牛肉片。

買到我已經完全提不動了，才甘心罷休。

我故意坐計程車轉捷運回去，希望他到捷運站載我，好歹出點力，讓我消消氣。但即使我已經提早幾站告訴他，我快到了，他還是慢吞吞，讓我足足等了二十分鐘，整夜被「歐耶」吵得沒睡好，又累又餓，萬念俱灰，坐在捷運站外面的階梯上，眼淚不爭氣掉下來。

滿腹委屈，明明是全家人的過年，為什麼所有採買的事情都落在女人的頭上？我紅腫的一雙手，拎的是一大家子的食材。

這個混球腦中的「過年」，只有死黨，其他的家庭聚會，他只需要負責「出席」。

男人的歲月靜好，是因為有一個女人在為他負重前行。

鬍子哥車子一到，看見我竟然坐在地板上哭，他嚇得臉都白了，好聲好氣：「好了，先上車啦！」

「我不要！」甩開他的手，吼著：「我昏了頭才嫁給你！」

他把菜都拿上車，我就是不上車，一路氣呼呼去星巴克，點了杯咖啡，選了一塊熱量最高的蛋糕，準備甜死自己，都怪自己沒搞清楚婚姻是怎麼回事就結了婚。

沒多久，鬍子哥傳來一張照片，是洗得乾乾淨淨、切得整整齊齊的龍蝦。

「我自己上網看影片學的。」他傳訊息。

「喔。」這是來邀功了？

「妳要回來了嗎？」

「我回去幹麼？回去只是一大堆事情等我做。」我賭氣輸入。

「不會啦！婆婆已經在廚房幫忙。」他回。

蛤？婆婆已經在忙了？嚇得我從椅子上彈跳下來，火速喝完咖啡。這點鬍子哥真要感謝婆婆，跟婆婆一起住的好處是，我想擺個架子，也擺不了太久。

我揉揉哭紅腫的眼，回家準備除夕大餐，哥哥、嫂嫂、老媽、叔叔都來了，我跟鬍子哥「假裝和好」度過一家其樂融融的除夕夜。

過年期間，本來想找個時間跟他好好「促膝長談」，奈何我生病了，奄奄一息躺在床上，動也動不了，鬍子哥為我枕好枕頭，裝好熱水袋，蓋棉被，開暖爐，準備點心，做足一切溫暖（賠罪？）的舉動。

「我們現在還是假裝和好。」我嘴硬地說。

「真的和好啦！」

「我還沒消氣。」

「妳不能生氣，妳生氣我會心疼耶！」哼，噁心巴啦。

「誰叫你這麼過分，你以為你十八歲？還敢這樣喝！」完全忘了我們要白頭到老！

「我這次有嚇到，年紀真的大了。下次不會了。」他一臉懺悔。

「嗯。」這還差不多。

「妳看妳現在病懨懨的，就是需要一個老公來照顧妳呀。」繼續朝我撒糖。

「如果我以後又老又病怎麼辦？」我不免擔憂。

「買賣不成仁義在嘛！我還是會照顧妳啊！」

「誰跟你買賣啊！」在胡說什麼？

「我是說，不管怎麼樣我都會照顧妳。我比妳壯啊！妳生病就要壯man來照顧呀！」

結婚十年要知道，鬧彆扭的時候，對方還願意給妳臺階下，已經要感恩。有樓梯下就要趕快下，不要還想等電梯。

我們就這樣，從「假裝和好」變成「真的和好」。

隔了一星期，年假也過了，有個早晨，我們在咖啡廳一起吃早餐。

「好奇怪，不知道那時候幹麼那麼生氣。」我啃著麵包，不好意思地反省。

「以後這件事應該每到除夕就會被拿出來講一遍。」鬍子哥嘆氣。

「有可能，你的歐耶事蹟會在婚姻吐槽排行榜榜首。」我不置可否，「就像每次去游泳池，你就會提起那年你說，小心會滑倒，你剛說完，我就一屁股跌在地板上。」

「對。然後妳一定會說我害兒子受傷的事情，我幫他戴防撞安全帽，然後把他臉頰的肉一起扣進去，哭好久。」鬍子哥一臉愧咎。

「不只這樣好嗎！你幫他洗完澡，竟然用浴巾把他雙手包進去，他一走出來，整個仆街，沒有手可以撐，眼睛撞到門檻，整塊都黑青，別人還以為他被家暴。」真是想到就氣。

還有好多事，都會被講一輩子。

生第一胎的時候，在產房，他手忙腳亂拿著同意書，看著關係欄，驚呼：「我們是夫妻耶！」這個笨蛋，我都已經要生了！

還有，我們要帶小子去看黃色小鴨，開了好久的車，千辛萬苦到了高雄港，但是小子睡著了，什麼也沒看到。

還有，小子一歲時候，醫生說他要讀佛，我們搞不懂，小子話都說不清楚，為什麼要讀佛？喔，原來是「塗氟」。

還有，小妞到兩歲還只會說一個字，「去」、「走」、「拿」，是「一字天后」，急得我們差點要帶她去看醫生，沒想到，兩歲一個月，她直接說「句子」……

還有，我把身分證給鬍子哥，請他去便利商店領貨，結果他就把我身分證弄丟了……

講到那些互相吐槽的事情，在當下都是不快樂的，常常是翻白眼，滿肚子火。

「那些最後都是回憶。」他意味深遠地說。

回憶摻雜了時間的魔術，變成回憶的時候，負面情緒都消失了，悲傷的、煩惱的、不堪的、生氣的、憤怒的，都化為一抹微笑。

未來的日子裡，還會有許多不快樂的時候、失望的時候、悲傷的時候，這時候，就要想起俄國詩人普希金寫的〈假如生活欺騙了你〉。

假如生活欺騙了你
不要悲傷，不要心急
憂鬱的日子裡需要鎮靜
相信吧，快樂的日子將會來臨
心兒永遠嚮往著未來
現在卻常是憂鬱
一切都是瞬息，一切都將會過去
而那些過去了的，就會成為親切的懷戀

如此一想，非常感謝生活中那些磕磕絆絆，如果沒有那麼多糟心的事，沒有那些廝殺的片刻，一個老婆婆跟一個老爺爺，兩人坐著搖椅聊天，要聊什麼呢？

附錄一——

夫妻對話

天打雷劈

假日上陽明山，一間間浪漫寫意的咖啡廳隱身山林裡。

我：「陽明山上有這麼多浪漫的店，你怎麼從來沒帶我來過？」

鬍子哥：「我一直是個宅男，認識妳以前足不出戶。」

我：「說謊的人可是會遭天打雷劈的喔！」

鬍子哥：「所以啊，颳風下雨的時候我絕不出門！」

琴瑟和鳴

小孩不在家的周末夜晚，家裡忽然變得好安靜。

鬍子哥提議：「老婆，來點音樂吧！」

「好啊，呱呱呱呱呱，醜小鴨啊醜小鴨……怎麼辦？我現在只會唱這個。不如你來念點詩吧！」

鬍子哥悠悠吐出：「鋤禾日當午，汗滴禾下土……」

受益人

做了一個奇怪的夢，醒來跟鬍子哥說：「我夢見我走了。」

鬍子哥：「是不是因為看太多車禍的新聞？」

我：「我不知道。」

鬍子哥沉吟半晌，問：「妳保險受益人寫誰？」

有詐

鬍子哥要回家接我出門，我連著收到他三個訊息：

「老闆娘，小陳已經在停車場備好車等您了。」

「老闆娘，您更衣好就可下來，外面天氣炎熱，莫約二十八度左右。」

「老闆娘，空氣品質不佳，建議您備好一個口罩。」

呃，他闖了什麼禍嗎？

小三早點來

下午準備去做ＳＰＡ，鬍子哥在客房鬼鬼祟祟不知道做什麼。

「你在幹麼？」我問。

「跟小三通電話。」

「她今天要過來嗎？」

「反正妳要去做ＳＰＡ，又不在家。」

「麻煩你請她早點過來，洗衣機裡面的衣服幫忙晒一晒，地板我就不拖了，留給她……最重要的，床上那堆衣服要摺好、放好，不然你們沒地方滾床單喔！我會考查清潔狀況，確定是否續任。」

買包不眨眼

《三十而已》紅遍親友圈，裡面貴太太買包的劇情深植人心。

我欣羨地問鬍子哥：「要怎麼樣才可以買包不眨眼？」

鬍子哥：「用膠帶把眼皮黏起來。」

四個圈圈

鬍子哥的朋友娶了家境優渥的千金，騎二手摩托車的他，忽然開著全新奧迪四處趴趴走。

鬍子哥把手搭在我肩上，哀怨地問：「老婆，請問我的奧迪在哪裡？」

「馬上畫給你，你要幾個圈圈都有。」我大言不慚揮著筆，作勢要畫。

鬍子哥跟著叮嚀：「只要四個圈就好，不要畫五個喔，五個就變成奧運了……」

請假

癱在沙發上看《慾望城市》，大人物與凱莉結婚了，不過，大人物突發奇想，他希望每星期跟婚姻請假兩天，不用天天黏在一起。

「ㄟ，你會想要每周請假兩天嗎？」我問。

「當然不會啊！」他嚴正地說。

哼，果然不能沒有我。鬍子哥冒出：「我想請假七天！」

一場誤會

有一個書寫計畫，興奮地與鬍子哥分享，他一臉呆滯看著我。

我不太高興：「你不知道你娶了一個作家嗎？」

鬍子哥：「妳不知道我不看書嗎？」

結成夫妻，都是一場誤會。

睡前小話

我：「你記不記得，剛結婚的時候，我們睡前都會說『睡前小話』。」

鬍子哥：「現在還是有說睡前小話啊！」

我不滿：「哪有？」

鬍子哥：「有啊，我都說安靜，趕快睡覺……」

做功德

假日的時候，我交代：「老公，你今天有兩件工作要做，第一件要洗冷氣機濾網，第二件要換被單。」

鬍子哥不悅：「我星期一到五都在工作，為什麼周末放假還要工作？」

我換了一個甜蜜的語氣：「老公，你今天不要『工作』，但是要做兩件『功德』

喔！第一件是要洗冷氣機濾網，第二件是要換被單。」
鬍子哥：「我恨妳。」

忍耐

要去高雄演講，鬍子哥開車送我去高鐵站，一路上，好多事情要交代。
「你今天要去做資源回收，千萬不要忘記……還有啊，那個小子的書桌，實在太可怕了，抽屜打開竟然有咬一口的麵包，你今天一定要帶著他把書桌整理乾淨。喔，還有，我覺得要嚴格執行他運動，運動量太少了……」
鬍子哥兩手用力抓方向盤，面露猙獰表情。
「你幹麼？」我問。
鬍子哥猙獰地：「再讓我忍耐兩分鐘……」
「什麼？」
「妳就要下車了……（歡呼）耶！」

附錄二——

小孩小事

走來走去

忙完小孩跟家務，我累癱在沙發上。

小子低著頭繞來繞去，異常安靜乖巧。

我問鬍子哥：「他在幹麼？」

「走來走去。」

「我知道，可是他幹麼一直走來走去？這麼乖，有點毛毛的。」

「呃……因為他腳底上抹了花生醬。」

有個東西跟著我

小子兩歲的時候，有天早上起來，悶悶地說：「媽媽，昨天晚上有個東西一直跟著我，我好不舒服喔。」

我聽了頭皮有點發麻，又不是農曆七月……

我鎮定地問他：「這樣啊，那你告訴媽媽，是什麼東西一直跟著你呢？」

小子哀怨地：「尿～～布～～～」

我聽不見

早餐時間，小子一直玩玩具，不肯坐到餐桌。

鬍子哥吆喝：「快點過來吃早餐。」

小子吊兒郎當，滑著小火車，一臉不知死活地回著：「我聽不見我聽不見我聽不見……」

鬍子哥又喊：「快點過來吃早餐。」

小子繼續不當一回事，說：「我聽不見我聽不見我聽不見。」

鬍子哥生氣了：「那我現在要過去揍你，你聽見了吧？」

小子一轉頭，嬉皮笑臉：「哎喲，我剛剛是跟你開玩笑的啦！」

幾個人？

天氣太好，我們驅車往海邊前去。

車上，已經讀幼兒園的小子問：「我們有幾個人？」

我說：「你數數看。」

小子認真地數著：「一、二、三、四，四個人。」

「沒錯，我們四個人，如果你看得到第五個，媽媽就會被嚇死了。」我滿意地說。

小子聽我這麼說，馬上接著說：「我要再數一遍。」

小子又認真數著：「一、二、三、四、五。媽媽，我們有五個人！」

我迷惑地望著他，他看我沒有反應，又接著說：「媽媽，妳怎麼還沒有嚇死？」

我沒被嚇死，會被氣死。

一個屁的真理

睡前，鬍子哥在為小子說故事，小妞窩在我懷裡晃著奶瓶喝奶。

一股怪味在空氣中隱隱飄散。

我一躍而起，問：「誰放屁？」

小妞、小子、鬍子哥都說：「不是我。」

「都沒人放屁，那屁是從哪裡放出來的？」我問。

小妞好整以暇地回答：「從屁股放出來的呀！」

「媽媽知道是從屁股來的，但是是從誰的屁股放出來的呢？」

小妞放下奶瓶：「當然是從人的屁股啊！」

吵架

兩隻吵著要去阿嬤家住，但兩隻前科累累。

「你們兩個一起去，就會吵翻天，阿嬤受不了，除非你們答應不吵架。」

小妞：「好、好啊！我不跟哥哥吵架。」

小子馬上反駁：「根本不可能，我們做不到。」
小妞：「我、我會忍住！」
小子很誠實：「我忍不住。」
我：「那怎麼辦嘛！」
小子想了想說：「嗯……我們還是會吵『一點點』架。」
小妞：「不對不對，我不跟哥哥吵。」
小子激動起來：「妞寶妳不要亂講話！我們根本不可能不吵架！」
小妞也激動：「那我就不跟你吵啊！你很奇怪捏！」
小子：「妳騙人！妳根本做不到！」
小妞猛地哭出來：「我、我沒有騙人，嗚，媽媽，哥哥說我騙人……」
於是兩隻針對「去阿嬤家會不會吵架」，先大大吵了一架。
然後他們忽然有了靈感：「咦？我們先把架吵完好不好？」小妞說。
小子想想也有道理，馬上贊同：「對啊，我們去阿嬤家之前，先吵完，到那邊就不吵啦！」
我真心期待，這是一個好方法。（其實變成從家裡一直吵到阿嬤家。）

不表面的讚美

鄰居是一位黃金單身女郎，從事汽車相關行業，她跟兩隻說：「汽車展可以帶你們去，還可以進去貴賓廳吃糖果喔！」哥哥妹妹都很興奮，吵著要去。

我：「你們有幫阿姨做了好棒棒的事情嗎？阿姨為什麼要帶你們去？」

小子馬上虛偽地說：「阿姨妳好漂亮喔！聲音好好聽喔！」

「這樣的讚美很表面。」我說。

小子馬上改口：「阿姨妳的心臟好漂亮喔！」

小妞學著說：「對啊！妳的腸子也好漂亮喔！」

阿姨重新考慮，真的要帶這兩隻出門嗎？

小子防疫停課紀錄

5／17星期一，老師大叫：「快把學校東西都帶回家！」

全班都一無所之（知），只有我想是要把學校給拆了嗎？原來是要停課二十天。

第一天很好，不用去學校。

第2～3天不錯，線上課程被罵也不怕。
第4～5天勉強OK，可以出去補貨。
第6～8天好無聊，書都看完了。
第9～14天瘋了，可不可以出去玩？不好、不行。
第15～20天死了，什麼時候才可以出去？
時候終於到了，爸爸說，還要再二十天！

多一個老公

小妞驚奇地發現：「妳有兩個爸爸喔？」
「對啊。一個生我的，一個照顧我長大的。」我解釋。
然後她就生氣了：「不公平，為什麼妳有兩個爸爸，我只有一個！」
「因為媽媽只有一個老公啊！」
她就開始在床上打滾：「我不管啦！我要兩個爸爸啦！我要兩個爸爸啦！妳再多一個老公啦！」
唉，這年頭想要從一而終不容易。

刮刮樂的祕訣

小子看到刮刮樂，他用很老成的口氣說：「這個啊，要晚上八點才能刮。」

「為什麼要晚上八點？」

「因為啊，一整天都是不好的事情，到晚上八點的時候，已經把壞運氣都用完了，這個時候刮，就會有好事發生了啊！一定會中獎！」

我聽聽，覺得挺有道理的。但是……

「如果今天一天都很開心，也沒有壞事發生，那晚上八點一刮，不就完蛋了嗎？」

「哎呀，那妳就要等到明天再刮啊！今天一天都很開心了，就不要晚上八點還自己找不開心啊！」

比照辦理

老爸住台中，而我在台北。

平時老爸台中的朋友對老爸照顧良多，老爸生日，我辦一桌壽宴，誠心感謝這些老朋友對老爸的照顧。

宴席上，長輩誇獎：「身教、言教，妳這麼有孝心，妳的孩子將來也會學習。」

小子怎麼會讓人失望呢？

「有哦，我兒子剛剛說，明年他生日，也要我幫他辦一桌，他想要邀請一百個人來參加……」

設局

最近小子發明一個說法。

每到星期五，小妞問：「明天要上學嗎？」

小子就會回答：「要啊！」

小妞哭喪著臉：「為什麼？」

「妳喔，就要一直跟自己說明天要上學、明天要上學！然後明天一醒來，發現根本不用上學，就會超級開心的喔！」小子得意洋洋。

滅火器

家裡被兩隻搞得亂七八糟，一邊整理，火氣一邊隱隱上升……

忽然，小子走過來，拿著一張紙遞給我。

「這什麼？」我怒眼問。

「滅火器。」小子說。

認真一看，喔，是他寫的作文〈影響我最深的媽媽〉，文章中「媽媽」真偉大。

看完氣消了一半，果真是「滅火器」。

我念著上面的文字：「……媽媽長長跟我說……只要你努力……你要做什麼都可以……有錯字喔，『長長』跟我說，不是這個『長長』。『長長』是長度，『常常』才是指時間的頻率……」

小子解釋：「可是妳每次一講話，就是長長的啊……」

好吧，這樣講，好像也沒有錯……（雙手一攤。）

相反

小子考完英文單字，忍不住問他考得如何？

「只有錯三個。」

我誇張地讚美：「哇！好棒喔，你進步了呀！」

過了一會，他又說：「是相反啦，是對三個……」

騙人

小子語帶玄機地問我：「媽媽，妳愛人類還是討厭人類？」

我：「我當然愛人類啊。」

小子：「喔！所以妳愛小偷？」

我：「沒有喔，小偷我不愛。」

小子：「那妳剛剛就是騙人啊。」

蓋房子

大清早，還沒吃早餐小子就開始用樂高蓋房子。小子邊蓋邊吐出：「人生啊，就像蓋房子，要慢慢來。」

「什麼意思？」

小子解釋：「很多時候我很急，想蓋快一點，它一下就倒了。有時候，我故意用一些技巧去蓋，結果，它也倒了。所以啊，人生就像蓋房子，要慢慢來，急也沒有用。」

國家圖書館出版品預行編目 (CIP) 資料

妻子、媽媽，偶爾劉中薇：不小心結了婚，那些我們和我的歡喜與哀愁 / 劉中薇著 . -- 初版 . -- 臺北市：遠流出版事業股份有限公司，2022.07
面； 公分
ISBN 978-957-32-9593-8(平裝)
1.CST：婚姻 2.CST：家庭

544.3 111007797

妻子、媽媽，偶爾劉中薇

作　　者｜劉中薇
總 編 輯｜盧春旭
執行編輯｜黃婉華
行銷企劃｜鍾湘晴
美術設計｜王瓊瑤

發 行 人｜王榮文
出版發行｜遠流出版事業股份有限公司
地　　址｜台北市中山北路 1 段 11 號 13 樓
客服電話｜02-2571-0297
傳　　真｜02-2571-0197
郵　　撥｜0189456-1
著作權顧問｜蕭雄淋律師
ISBN ｜ 978-957-32-9593-8

2022 年 7 月 1 日初版一刷
定　　價｜新台幣 420 元
（如有缺頁或破損，請寄回更換）

遠流博識網
http://www.ylib.com
Email: ylib@ylib.com